A miséria da economia e da política

A miséria da economia e da política

Luiz Guilherme Piva

Patrocínio:

Copyright © 2009 Editora Manole Ltda., por meio de contrato de co-edição com a Petrobras e de edição com o autor.

Logotipos: *Copyright* © Petrobras e Governo Federal
Projeto gráfico e editoração eletrônica: Texto & Arte
Capa: Rubens Lima

Dados Internacionais de Catalogação na Publicação (CIP)
(Câmara Brasileira do Livro, SP, Brasil)

Piva, Luiz Guilherme
  A miséria da economia e da política / Luiz Guilherme Piva. -- Barueri, SP : Manole/Minha Editora, 2009.

  ISBN 978-85-98416-67-0

  1. Artigos jornalísticos 2. Brasil - Condições econômicas 3. Brasil - História 4. Brasil - Política e governo 5. Crônicas brasileiras 6. Gazeta Mercantil (Jornal) I. Título.

08-05894   CDD-330.981

Índices para catálogo sistemático:
  1. Brasil : História econômica e política :
     Artigos jornalísticos 330.981

Todos os direitos reservados.
Nenhuma parte deste livro poderá ser reproduzida,
por qualquer processo, sem a permissão expressa dos editores.
É proibida a reprodução por xerox.

1ª edição – 2009

Editora Manole Ltda.
Av. Ceci, 672 – Tamboré
06460-120 – Barueri – SP – Brasil
Tel.: (11) 4196-6000 – Fax: (11) 4196-6021
www.manole.com.br
info@manole.com.br

Impresso no Brasil
Printed in Brazil

Para a Rosária, o Antônio e a Maria Fernanda – minhas riquezas.

Agradecimentos

Selma Pantel, Sônia Maria Pereira, Renato Carvalho, Martus Tavares, Luiz Tatit, Lucia Hiromi, Luciano Coutinho, Luciano Lewandowski, Klaus Kleber, Kalil Duailibi, Guilherme Lacerda, Irapuan Sobral, Francisco Duda, Eduardo Oliveira, Contardo Calligaris, Boris Fausto, Antonio Mitre, Andréa Facipierre, Alvaro Comin, Adriano Pereira.

E, com especial carinho: meus pais e irmãos, Ricardo Cambraia, Marcos Köhler, Marco Aurélio Hilário, Luiz Alberto dos Santos, José Santos, Bernardo Macedo.

Apresentação

Luiz Guilherme Piva

Este livro reúne a maior parte dos artigos que publiquei nos últimos anos. Destacam-se os artigos escritos para a *Gazeta Mercantil*, da qual, com orgulho e prazer, sou articulista fixo desde 2005. Poucos ajustes foram feitos nos títulos e na redação final.

Os artigos estão organizados em quatro capítulos temáticos. O primeiro, *Distribuição de renda e civilização*, tem como foco as questões do atraso, da modernização e da desigualdade no Brasil. O segundo, *A macroeconomia brasileira acabou*, está mais atento à política econômica – assim como ao quadro político – e aos seus possíveis desdobramentos no governo Lula. O terceiro, *Capitalismo moderno e anacronismos*, dedica-se aos avanços e entraves dos chamados mercados. E o quarto, *A miséria da economia e da política*, percorre alguns conceitos dessas duas ciências, ou as formas vilipendiadas com que elas têm sido apresentadas em boa parte do debate público.

Creio que o que dá unidade ao conjunto é o tratamento pretensamente inovador de temas normalmente abordados de modo muito especializado por economistas e cientistas políticos. Da mesma forma, temas usualmente não incorporados às análises econômicas e políticas recebem aqui leituras a partir desses pontos de vista.

A linguagem também pretende dar certa unidade ao livro, ao tentar ser bem-humorada e com remissões a outros campos, de forma a atribuir algum estilo aos textos.

Mas, claro, o importante é o conteúdo. E as qualidades e os defeitos que o livro possa ter devem ser procurados no mérito das análises. Isso só o leitor pode fazer.

São Paulo, 2008

Prefácio

Antonio Delfim Netto

Em *A miséria da economia e da política*, Luiz Guilherme Piva nos traz à lembrança os fatos e as circunstâncias mais interessantes do exercício da política econômica nas últimas duas décadas, submetendo-os a uma avaliação crítica despida de viés ideológico e surpreendentemente (em se tratando de economia) bem-humorada.

O livro é composto de uma série de artigos, quase todos publicados quinzenalmente no diário econômico *Gazeta Mercantil*. Daí o fato de que alguns temas são datados e daí também a surpresa com que eles vão se encadeando harmoniosamente, de modo que não se perca o fio da história de um período em que o Brasil se transformou em uma espécie de laboratório experimental de políticas econômicas.

Sob esse aspecto, só conheço similares à empreitada do Piva na publicação de crônicas que resultaram em obras preciosas de história política entre nós os diversos volumes que reuniram os textos da "Coluna do Castello", o brilhante comentarista do *Jornal do Brasil* que foi a principal referência da mídia no mundo político na segunda metade do século passado.

Há no *Miséria* algumas sínteses de episódios do debate econômico que deverão perdurar nas antologias como fonte de informação e de formação de opinião nas futuras gerações. Como aperitivo à leitura do todo, tomo a liberdade de antecipar a apreciação que ele faz do simulacro de debate arquitetado nas hostes tucanas no período imediatamente posterior ao lançamento do Plano Real – na segunda metade dos anos noventa, quando, sob a minha ótica, o debate econômico foi interditado para que a sociedade não se apercebesse do desastre que as políticas monetária, fiscal e cambial de FHC estavam gestando, como ficou demonstrado em janeiro de 1999.

Eis como Piva desnuda a farsa, em uma crônica magistral: "Durante o governo FHC simulou-se a existência de um debate entre duas correntes de pensamento econômico. De um lado, os ortodoxos comandados pelo ministro Pedro Malan, de outro os heterodoxos, seguidores de José Serra. Na verdade, nunca houve esse debate. Durante o primeiro mandato (até 1998), imperou sozinho o oportunismo político: sobrevalorização cambial, déficit fiscal, abertura externa sem critérios, déficits externos e clientelismo regional. Ninguém no governo reclamava. Havia inflação baixa e algum crescimento econômico. Todos estiveram unidos no governo e nas eleições e lucraram com isso. No segundo mandato, eclodida a crise, os juros subiram. Fez-se arrocho fiscal, desvalorizou-se a moeda, o crescimento cessou, as reservas caíram, a aliança dominante se esgarçou – e houve nova unanimidade no oportunismo político (...) Na verdade (...) nenhuma questão fundamental separava os dois grupos (...)."

Continua o autor: "O suposto debate serviu a duas finalidades. Uma, demarcar território político, o próprio e o do oponente na guerra por espaço dentro do poder – é sutil mas fácil de entender que o contraste mútuo ilumina mutuamente. Outra, monopolizar num só campo o debate ideológico ou teórico. Fechavam-se, à direita e à esquerda, as pistas para outros coadjuvantes buscarem a dianteira. Não deu certo. A crise do segundo mandato foi grande (câmbio, inflação, crise externa, apagão) e possibilitou que outros nomes tomassem velozmente os acostamentos. Dois foram abalroados. Outro, porém, Lula, com muito mais legitimidade portador do tema da mudança, do crescimento econômico e da distribuição de renda, impediu a monopolização do debate e venceu".

A esta síntese admirável, seguem-se outros artigos que ajudam a compreender melhor a trajetória medíocre de nosso crescimento, que só em 2006/2007 começou a renascer. A leitura é muito agradável porque Piva consegue fazer história econômica mesclando, em certos momentos, erudição acadêmica (sem nenhum pedantismo) com acordes de música popular e doses certas de humor, como ao se referir à avalanche de comentários publicados entre nós a propósito da crise dos *"subprimes"*: "basta uma crise econômica ou política e lá vêm os sabichões subindo a ladeira...".

Sumário

Capítulo 1 – Distribuição de renda e civilização

Distribuição de renda e civilização 3
Gazeta Mercantil, 04 de janeiro de 2006

Setor externo e subdesenvolvimento 6
Gazeta Mercantil, 1º de março de 2006

Modernidade econômica e atraso político 10
Gazeta Mercantil, 10 de maio de 2006

Análise econômica do crime organizado 13
Gazeta Mercantil, 24 de maio de 2006

Distribuição de renda e educação 16
Gazeta Mercantil, 19 de julho de 2006

Atraso de muitos, modernidade de poucos 19
Gazeta Mercantil, 19 de setembro de 2006

A origem econômica e social do crime .... .22
Gazeta Mercantil, 27 de fevereiro de 2007

O mercado dos jogos e a corrupção 25
Gazeta Mercantil, 24 de abril de 2007

Desigualdade e políticas econômicas 28
Gazeta Mercantil, 25 de setembro de 2007

A ascensão econômica dos pardos, pretos e pobres.......... 31
Gazeta Mercantil, 08 de abril de 2008

O espetáculo da miséria brasileira não pode parar 34
Gazeta Mercantil, 1º de julho de 2008

Capítulo 2 – A macroeconomia brasileira acabou

O debate estratégico do crescimento............................... 39
Valor Econômico, 28 de janeiro de 2004

Crescimento econômico e a reeleição de Lula.................. 43
Valor Econômico, 06 de dezembro de 2004

Presente e futuro da política econômica.......................... 47
Linha Direta, dezembro de 2004

Política econômica e economia política 51
O Estado de S. Paulo, 28 de junho de 2005

A tragédia do subdesenvolvimento 54
Jornal do Brasil, 28 de novembro de 2005

A política econômica no governo Lula 57
Gazeta Mercantil, 08 de dezembro de 2005

A economia nas eleições.. 60
Gazeta Mercantil, 21 de dezembro de 2005

Economia, eleição e novo governo.................................. 63
Gazeta Mercantil, 1º de fevereiro de 2006

Economia, Copa do Mundo e eleição.............................. 66
Revista CNT, fevereiro de 2006

O Copom, a Quaresma e o Casmurro.............................. 68
Gazeta Mercantil, 15 de março de 2006

Crise política e anticrise econômica 71
Gazeta Mercantil, 31 de março de 2006

A economia real e as próximas eleições 75
Gazeta Mercantil, 12 de abril de 2006

Perspectivas econômicas e políticas 78
Gazeta Mercantil, 17 de outubro de 2006

Governo não tem oposição econômica 81
Gazeta Mercantil, 31 de outubro de 2006

A macroeconomia brasileira acabou 84
Gazeta Mercantil, 14 de novembro de 2006

Políticas para o crescimento econômico......................... 87
Gazeta Mercantil, 05 de dezembro de 2006

Câmbio, juros e expansão econômica 90
Gazeta Mercantil, 05 de dezembro de 2006

O ano velho da economia brasileira............................... 93
Gazeta Mercantil, 02 de janeiro de 2007

O PAC, a heresia possível e bem-vinda.......................... 96
Gazeta Mercantil, 30 de janeiro de 2007

Previsão para a economia brasileira em 2008.................. 99
Gazeta Mercantil, 11 de dezembro de 2007

Capítulo 3 – Capitalismo moderno e anacronismos

O futuro dos negócios é o mercado de capitais 105
Estado de Minas, 09 de setembro de 2006

Modernização mineira 108
Estado de Minas, 02 de outubro de 2006

Agronegócio e PPPs... 111
IstoÉ Dinheiro Rural, dezembro de 2006

Capitalismo, juros e mercado de capitais...................... 114
Gazeta Mercantil, 16 de janeiro de 2007

Investimentos e negócios no Brasil 117
Gazeta Mercantil, 13 de fevereiro de 2007

A turbulência e os senhores de engenho....................... 120
Gazeta Mercantil, 13 de março de 2007

Partidos políticos de outra época 123
Gazeta Mercantil, 27 de março de 2007

Economia, mercado de capitais e riscos 126
Gazeta Mercantil, 10 de abril de 2007

A hora e a vez dos fundos de pensão 129
Gazeta Mercantil, 03 de julho de 2007

O crédito na economia brasileira 133
Gazeta Mercantil, 31 de julho de 2007

A caixa-preta dos mercados turbulentos 137
Gazeta Mercantil, 14 de agosto de 2007

Financeirização e estabilidade política 141
Gazeta Mercantil, 23 de outubro de 2007

Capitalismo moderno e anacronismos 145
Gazeta Mercantil, 06 de novembro de 2007

O elogio da loucura: a crise econômica americana 149
Gazeta Mercantil, 18 de março de 2008

Modernização econômica e letras da música popular 152
Gazeta Mercantil, 29 de abril de 2008

Capítulo 4 – A miséria da economia e da política

A miséria da economia e da política 157
Gazeta Mercantil, 18 de janeiro de 2006

O valor presente e o risco-Brasil 161
Gazeta Mercantil, 15 de fevereiro de 2006

O outro na economia e na política 164
Gazeta Mercantil, 27 de abril de 2006

Mercado de ações e Copa do Mundo 168
Gazeta Mercantil, 07 de junho de 2006

O conflito entre agente e principal 171
Gazeta Mercantil, 21 de junho de 2006

Oferta e procura no mercado da corrupção 174
Gazeta Mercantil, 05 de julho de 2006

A modernização institucional no Brasil 177
Gazeta Mercantil, 02 de agosto de 2006

Crescimento econômico e almoço grátis 180
Gazeta Mercantil, 23 de agosto de 2006

Economia, política e ideologia 183
Gazeta Mercantil, 28 de novembro de 2006

Os custos na atividade econômica 186
Gazeta Mercantil, 24 de abril de 2007

Oferta, consumo e concorrência 189
Gazeta Mercantil, 22 de maio de 2007

A luta pela vida ou a lei da selva 192
Gazeta Mercantil, 05 de junho de 2007

A importância da economia e dos negócios 195
Gazeta Mercantil, 19 de junho de 2007

Economia, política e seleção brasileira 198
Gazeta Mercantil, 17 de julho de 2007

Economia, desejos e classe média 201
Gazeta Mercantil, 28 de agosto de 2007

A economia e a picaretagem 204
Gazeta Mercantil, 11 de setembro de 2007

Interesses públicos e privados 207
Gazeta Mercantil, 09 de outubro de 2007

Feriados, economistas e politólogos 210
Gazeta Mercantil, 20 de novembro de 2007

Ensino e aprendizado de economia e ciência política 213
Gazeta Mercantil, 15 de janeiro de 2008

Dois arquétipos literários na economia e na política 216
Gazeta Mercantil, 06 de fevereiro de 2008

Consumidores, produtores e inteligência de mercados ... 219
Gazeta Mercantil, 26 de fevereiro de 2008

Os discursos de economistas e cientistas políticos 222
Gazeta Mercantil, 20 de maio de 2008

Economia e política: mulheres, dinheiro e poder 225
Gazeta Mercantil, 10 de junho de 2008

Quem quiser que conte outra 228

Sobre o autor 233

Capítulo 1

Distribuição de renda e civilização

De acordo com a tese da "perversidade", qualquer ação proposital para melhorar um aspecto da ordem econômica, social ou política, só serve para exacerbar a situação que se deseja remediar. A tese da "futilidade" sustenta que as tentativas de transformação social serão infrutíferas, que simplesmente não conseguirão "deixar uma marca". Finalmente, a tese da "ameaça" argumenta que o custo da reforma ou mudança proposta é alto demais, pois coloca em perigo outra preciosa realização anterior.

HIRSCHMAN, Albert O. *A retórica da intransigência*. São Paulo: Companhia das Letras, 1992. p.15-16.

Distribuição de renda e civilização

Gazeta Mercantil, 04 de janeiro de 2006

A questão fundamental no Brasil é a péssima distribuição de renda. Milhões de brasileiros – a maioria da população – comem pouco ou mal, estão desabrigados ou moram precariamente, não dispõem de nível humano de higiene, educação, saúde preventiva e curativa, estão desempregados, subempregados ou ganham mal, estão desprovidos de bens e serviços essenciais ou de conforto mínimo, morrem ou são mortos muito cedo, carecem de condições de exercer ou exigir seus direitos e não têm idéia ou domínio sobre o que se discute na política e na economia.

O que se discute na política e na economia também parece ignorar a questão da distribuição de renda. Item fundamental na redemocratização e animador da ascensão social e política dos setores populares em movimentos, sindicatos e partidos (com destaque para o PT), sumiu de cena com o predomínio do combate à inflação e das reformas liberalizantes no período democrático. Ainda hoje o debate, no governo e na oposição, se dá nas bordas institucionais (que importam muito, mas não são o bastante) da economia e da política, e passa longe do que deveria ser nossa obsessão central: como e em qual profundidade deve ser feita a distribuição de renda no Brasil?

Pessoalmente, acho que o presidente Lula tem mais base e compromisso histórico com o tema. Não tem feito um governo nessa direção, ou seja, este não deve ser visto como um governo de esquerda na prática, mas o é por origem e boa parte de sua base social – o que não é pouco num país com a nossa folha corrida. Mas o fato de ter aderido à armadilha da política econômica ortodoxa é lamentável por dois motivos: primeiro, por conta dos danos que essa política acarreta ao crescimento, à modernização e à civilização (que é a antítese do primeiro parágrafo); segundo, por conta da desenvoltura que permitiu ao discurso mais conservador e malthusiano.

Cumpre registrar que considero o combate à inflação e a agenda de reformas liberalizantes, descontadas ilusões de ótica e de ética cometidas nos anos recentes, necessários e que, ocasional e momentaneamente, eles teriam talvez que sacrificar um pouco mais os pobres, tendo em vista o quadro em que se deram, herdado do período antecedente. Mas tais sacrifícios não foram ocasionais nem momentâneos. A tônica foi usar instrumentos que travaram a geração de riqueza e a distribuição de renda. Tratou-se de garantir a renda e o patrimônio das elites e abdicar do esforço em fomentar o emprego, os salários, a pesquisa, os investimentos, a educação, a inserção internacional de maior valor e o advento de vida mais digna para a maioria dos brasileiros.

A inflação, ao longo dos anos oitenta, era a cornucópia das elites, que assim multiplicavam seus anéis na ausência de crescimento. Ela era o duto entre os pobres e os ricos, mantido o produto interno do mesmo tamanho. O ataque à inflação, há dez anos, tem como perna forte os juros reais elevados (o câmbio valorizado é a perna coxa), que transmitem aos poucos aplicadores (política monetária) a renda extraída da – ou não entregue à – sociedade (política fiscal), mantido, como antes, o produto interno do mesmo tamanho.

Das reformas liberalizantes, a principal foram as privatizações. Elas modernizaram serviços, acessos e operações em muitos (mas não em todos os) setores e tiraram a atuação pesada do Estado de onde ele não mostrou eficiência para estar. Mas não geraram riqueza, só a transferiram de mãos. A abertura a produtos estrangeiros tampouco gerou riqueza interna, apesar de seus benefícios aos consumidores em qualidade e preços. E a entrada de capital externo se deu quase toda em aquisição de plantas e negócios já existentes, o que não só não gerou riqueza como elevou a remessa de dividendos.

E hoje atores e analistas, em sua maioria, se esquivam de enfrentar a desigualdade de renda e de vida que racha em veios fundos nossa sociedade. É preciso, claro, cuidar da consolidação dos avanços macroeconômicos e aprofundar aperfeiçoamentos na microeconomia. Mas a tergiversação em relação ao que é nosso drama central impede que esses avanços e aperfeiçoamentos adquiram conteúdo. São iluminuras sem texto.

Não há e não haverá processo civilizatório no Brasil sem que o debate econômico e político tenha na sua prioridade a geração e a distribuição de renda e de riqueza. A solução é lenta, democrática, conflituosa, com tropeços, erros, aliados e adversários e tudo o mais que a realidade impõe, sem assegurar que a luta será bem-sucedida. Mas que esta luta seja norteada por geração de recursos, de conhecimento, de cultura e de civilização, até as últimas conseqüências. Sem crescimento econômico e compromisso radical com a distribuição de renda seguiremos – a maioria – sem dinheiro no bolso, sem saúde e vivendo ainda muitos infelizes anos velhos.

Setor externo
e subdesenvolvimento

Gazeta Mercantil, 1º de março de 2006

Mesmo com a valorização do câmbio, o Brasil vem conseguindo recordes na balança comercial. No último período há uma tendência de queda, claramente efeito da depreciação do dólar – que os mais ufanistas já picotam como moeda podre. Mas resta o fato de que exibimos números melhores agora do que em janeiro do ano passado, quando o câmbio tinha cotação mais favorável.

Há fatores importantes nesse resumo. O comércio mundial está aquecido. As *commodities* têm obtido preços excelentes. O Brasil abriu e ampliou mercados. O desaquecimento do terceiro trimestre de 2005 levou a uma desova de estoques: no período, o PIB pelo lado da demanda (que inclui exportações, que cresceram no trimestre) foi melhor do que o PIB pelo lado da oferta. E há maior esforço do produtor brasileiro para ganhos de competitividade. Sem contar que o exportador tem juros internos reconfortantes (uma espécie de sossega-leão) para dar-lhes compensação pela perda cambial.

A hipótese de manutenção do dólar desvalorizado acende um alerta quanto às nossas exportações e à nossa estrutura produtiva. Não é interessante ter perdas nas transações correntes e se sujeitar a grande necessidade de financiamento externo. Igualmente desinteressante é destroçar a produção que depende de vendas ao exterior e aquela que enfrenta a concorrência dos importados. Há que se ter precisão cirúrgica, mas de economista (os do mundo real, não os que se formaram jogando, em português ou inglês, banco imobiliário), para a calibragem difícil entre juros e câmbio, de modo a maximizar os efeitos positivos dos dois.

Não ocorrendo o pior cenário, o dólar deve voltar a se valorizar no médio e longo prazo, para azar dos que o transformaram em confete no carnaval. Isso ajudará na recuperação das exportações e dos saldos comerciais. Protegerá parte importante da produção interna. E tudo o mais que se sabe. Mas vem agora a dimensão incômoda.

Realizamos um enorme esforço de tempo, mão-de-obra, insumos, terra e logística para gerar e exportar produção de baixo valor agregado e pouco valor de troca internacional; e importamos produtos cujo valor unitário é muito mais alto. Esses nossos produtos de exportação são também os de muitos outros países e, dado seu baixo valor, merecem de todos os governos políticas protecionistas. Na outra ponta, não avançamos nos produtos de alto valor agregado, e isso é mais grave quando se consideram os de sofisticado teor tecnológico e científico.

Nossos por assim dizer planos de desenvolvimento (Planos Plurianuais – os PPAs), nas suas três últimas edições (1995, 1999 e 2003), têm como característica mais forte ou quase única a ênfase nos corredores de exportação de produtos básicos. São vias, meios de transporte e plataformas dedicadas, no papel (e daí não saem), a ampliar nossa capacidade de atender à demanda internacional de *commodities*. São investimentos necessários – e as PPPs são a modalidade mais adequada para fazê-los – porque de fato tem que ser superada nossa dívida com o passado: a infra-estrutura e a logística brasileiras são caras e deficientes.

O que incomoda é o peso da orientação primário-exportadora presente nos dois parágrafos antecedentes. Não se ignora que temos um grande parque industrial nacional e multinacional. Além disso, os manufaturados têm peso considerável (60%) no valor de nossas exportações. Também nossos circuitos financeiros mais modernos se entrelaçam com os de fora. Mas quase todo o nosso esforço está preso à condição de periferia típica do capitalismo industrial.

Advirto que essas assertivas, mesmo recendendo, na leitura ligeira, a Raul Prébisch, André Gunder Frank e Cardoso e Faletto, não reproduzem nem debatem as idéias centrais desses autores – embora reconheçam no desenvolvimento dependente e associado um acerto analítico que não se encontra nos demais (um avanço na chamada economia do desenvolvimento que acabou também por matá-la. Dialeticamente, como se dizia).

Não se trata de defender a proteção cambial e tarifária com política industrial massiva; nem de nos atolar na idéia do subdesenvolvimento insuperável; e tampouco de embatucar diante da bifurcação/conjugação entre revolução de classe e associação vantajosa ao capitalismo global. Já passamos na teoria e na prática por quase tudo isso e suas falhas e seus acertos estão cravados no mosaico brasileiro.

Do que se trata é de conhecimento: educação, ciência e tecnologia para a inovação e a produção. A armadilha do subdesenvolvimento e da condição periférica é a incapacidade de deter o *know-how* dos processos e produtos fundamentais para determinada fase do capitalismo. A primeira, a segunda e a terceira revolução industrial têm seus produtos e produtores (intelectuais e operacionais) conhecidos. Não se voltará a isso a não ser como farsa ou entulho. O que pode vir a ser ou já começou a ser a quarta revolução industrial (ou pós-industrial) tem a ver com produtos, processos e energias ainda nascentes. De educação, ciência e tecnologia em torno disso é que precisamos. Além de todo o resto que nos falta, é claro.

Modernidade econômica e atraso político

Gazeta Mercantil, 10 de maio de 2006

Economistas não entendem nada de política. E não gostam de política, de políticos, de Brasília, dos partidos e do voto obrigatório. Costumam associar tudo isso a corrupção, troca de favores, oportunismo, negociatas, atraso, desvios, incompetência e aumento dos custos de transação e do custo-Brasil.

Custo de transação é o nome que os economistas dão ao custo administrativo e fiscal de uma operação, supondo que ela pudesse ou devesse ser realizada sem qualquer ônus indireto. Custo-Brasil é o nome que os economistas dão aos salários, impostos, tarifas, infra-estrutura e instituições do país, supondo que tudo poderia ou deveria funcionar sem tal arquitetura, ou que ela pudesse ser mais barata.

Cientistas políticos, por sua vez, também não entendem nada de economia. Mas adoram economia, os economistas, São Paulo, grandes empresas e rodovias pedagiadas. Costumam associar tudo isso a transparência, interesses objetivos, empreendedorismo, modernidade, maximização de ganhos, competência e diminuição do arcaísmo e do iberismo.

Arcaísmo é o nome que os cientistas políticos dão ao enorme contingente da população e do território que não foi integrado à expansão econômica do Centro-Sul do país, supondo que aquele contingente poderia ou deveria tê-lo feito no momento certo e que tal expansão nada tem a ver com aquele atraso. Iberismo é o nome que os cientistas políticos dão às relações individuais e coletivas pré-capitalistas, opostas às que fundaram e presidem a civilização norte-americana, supondo que tudo teria dado certo se tudo tivesse sido diferente.

Por aproximação de contrários (do que entendem e não entendem, respectivamente), vê-se que economistas e cientistas políticos gostam e desgostam das mesmas coisas. Os políticos e atores econômicos – nossas elites –, por sua vez, ocupados que estão, não costumam consultar economistas e cientistas políticos para saber se estão agindo como deveriam. Mas estes sempre lhes oferecem propostas e medidas redentoras para o que entendem ser nossos males. Tem sido assim desde que a elite usava polainas para açoitar escravos inzoneiros. A produção teórica é vasta desde então.

Mas antes tinha traços generalistas, abrangentes, propunha ter identificado a essência e a redenção global de nossos entraves. Hoje, porém, quando a elite aboliu (só?) as polainas, é – como se diz nos MBAs – "focada", gerenciada por metas específicas e mensuração de resultados. Busca "janelas de oportunidade": reforma tributária e previdenciária; reforma política; voto distrital e facultativo; concessões de serviços públicos; lei de falências; alienação fiduciária; etc. Adiante, aguarda-nos a cenoura: a economia desenvolvida, a política exemplar, os pobres mansinhos e um pouco de neve.

Cientistas políticos e economistas desconsideram a vinculação existente entre nosso arquipélago moderno e nossa imensidão atrasada. Não por ser pouco estudada ou pouco demonstrada por economistas e cientistas políticos. E sim porque tal vinculação torna os diagnósticos e propostas necessariamente mais complexos e incertos e obriga a gostar e desgostar de atrasos e modernidades de forma mais calidoscópica. Expõe as relações entre derivativos e coronéis, entre IPOs e fundos regionais subsidiados, entre auto-estradas e zonas francas, entre a Faria Lima e o Vale do Jequitinhonha.

E leva à constatação, contrária ao senso comum e ilustrado, de que a economia moderna do Brasil é cara e perversa: além de ser sustentada pelo restante do país, afunda-o no atraso. Devora os recursos do conjunto da sociedade, extraídos por impostos diretos e indiretos e pela falta de investimentos em educação, desenvolvimento regional e desconcentração produtiva e tecnológica e apropriados por meio de juros, preços, mão-de-obra barata e logística conveniente. Tritura-os no sumidouro dos negócios e das finanças que deram certo.

E leva ainda à constatação, também ofensiva ao senso comum e ilustrado, de que o Congresso é talvez a melhor instituição do Brasil. Democrático, composto integralmente por voto direto, heterogêneo em sua composição, representativo das gentes honestas e trabalhadores e das desonestas e vagabundas, das regiões, dos interesses, das ideologias e também das picaretagens existentes no país, altamente qualificado em seu trabalho técnico, explícito quanto às suas decisões e exposto de cabo a rabo em seu processo de trabalho. Difícil lembrar de outras instituições públicas e privadas que guardem esses mesmos atributos.

Não por acaso, é nele que mutuamente se aliam, se combatem, se alimentam e se desnutrem os lados moderno e atrasado do Brasil.

Análise econômica do crime organizado

Gazeta Mercantil, 24 de maio de 2006

O crime organizado é um enorme *business*. Atende fundamentalmente à demanda existente por drogas – nicho de mercado registrado em todas as culturas, regiões e épocas da humanidade. Organiza a oferta e propicia ao empreendedor acumular capital. Com a demanda tendo atingido grande escala, assumiu também escala produtiva de igual dimensão. Recruta, treina e mobiliza mão-de-obra – a qual vê no emprego a chance de manter-se e de subir na vida. Aciona recursos diretos (papelotes, sacolas, refinadoras, insumos químicos) e indiretos (carros, armas, celulares, bolsas, relógios) para produzir e distribuir seu produto. Estabelece focos territoriais de oferta e de procura. Cria imagens positivas para seu produto – valentia, desenvoltura, criatividade, diferenciação social. E, sem muito esforço, "fideliza" o consumidor.

É um oligopólio que se diria natural. A demanda está posta, o custo de entrar e de se consolidar no mercado é elevado e, dado o tipo de consumidor (que aceita pagar mais e consumir mais mesmo com a elevação do preço – este, aliás, é o espírito da coisa), trabalha com receitas marginais muito acima dos custos marginais. Em mais de uma acepção.

Com a globalização, ou mesmo integrando parte dela, o *business* do crime abriu ou oficializou rotas de longo alcance, antes inexistentes ou clandestinas. Também estendeu teias para negócios complementares, como entretenimento, comunicações, esportes, seqüestros, bingos, advocacia, transportes, fundos de investimento, etc. Sem contar as externalidades geradas. No campo mais próximo, injeta dinamismo na indústria, comércio e serviços de bens consumidos pelo exército direto e indireto que aufere emprego e renda do negócio principal. No mais distante, incentiva produtos e utilidades como segurança, blindagem, armas, funerárias, informação, mercado de capitais, fonografia, colírios, lenços de papel e algumas vertentes da antropologia e da crítica cultural.

Como qualquer outro *business*, o crime organizado também precisa de porta-vozes na política e na imprensa. Financia candidatos e eleitos, aproxima-se de autoridades (parecido com o que um antigo sociólogo denominou de "anéis burocráticos"), patrocina anúncios, anunciantes, notícias e noticiadores e influencia a elaboração e a aplicação de algumas leis. Não chega a substituir o Estado e suas instituições, mas questiona tacitamente o monopólio do uso da força – assim como outros negócios põem em dúvida o monopólio da emissão de moeda.

Também se preocupa com a responsabilidade social. Não são raros os apoios a entidades beneficentes, cooperativas, ONGs, escolas de samba e centros educativos. A ênfase é na comunidade em que o negócio mantém sua sede principal, mas não se restringe a ela. O objetivo é obter a adesão da futura mão-de-obra e dos futuros consumidores. Como se faz no mundo dos negócios mais modernos.

Há três problemas centrais nesse *business*. Um é que seu produto é ilegal, o que obriga a produção, a distribuição e a venda a aumentar suas despesas não-operacionais com propaganda, advogados, corrupção de autoridades, etc. Outro é que seu produto costuma matar o consumidor ou levá-lo à falência, o que torna perversamente crescente o investimento na conquista de novos consumidores e mercados. E, por fim, trata-se de um negócio que não paga impostos de nenhum tipo, o que eleva muito sua taxa de lucro, mas – paradoxalmente? – exige elevados gastos com a fiscalização. Os dois últimos não diferem, exceto pela dimensão, de muitos outros negócios. No que toca ao primeiro problema, pode-se argumentar, cinicamente, que, a depender da época, o rol de produtos legais e ilegais já sofreu e virá a sofrer mudanças.

Dessa leitura econômica não se deve depreender que o negócio das drogas deveria ser oficializado, nem que seja aceitável a complacência que hoje a ele é concedida. Só se quer mostrar, com a ironia possível, por que ele tem a força que tem. De mais a mais, ele talvez nunca vá deixar de existir, porque está assentado em dois instintos essenciais.

O primeiro é o instinto (ou necessidade ou ambição) do ganho econômico e da acumulação de riqueza. Esse é o princípio de qualquer atividade econômica. É por ele que produzimos o que há de útil e inútil, de saudável e de letal, que atenda à demanda humana por sustento, crescimento e prazer.

O segundo é exatamente este – o instinto do prazer. Que gera consumidores e demandantes para o que há de útil e inútil, de saudável e de letal. E que, de forma mais rápida ou mais lenta, leva o ser humano ao seu fim. Mas não ao seu cabo, porque o ser humano é uma faca só lâmina.

Distribuição de renda e educação

Gazeta Mercantil, 19 de julho de 2006

Uma parte dos conservadores – mas não todos e não só eles – deu para enfatizar que a única política para distribuir renda é assegurar educação para todos. Vista com lupa, trata-se só de uma forma de exibir duas idéias positivas (distribuição de renda e educação para todos), aliás, antes apanágio dos progressistas, e criar entre elas, pela estreita vizinhança, uma associação causal simplista. O efeito geral é combater outras idéias acerca da distribuição de renda – e que, claro, não prescindem da educação.

Mesmo supondo que a segunda assertiva (educação para todos) abrigue a solução para a complexa relação entre ensino público e gratuito, de um lado, e ensino privado e pago, de outro, e que se esteja falando de educação em todos os níveis, do básico ao superior (e até dos pós-doutorados, pesquisas de ponta, alta filosofia, etc.), e para todos os segmentos (crianças, jovens, velhos, urbanos, rurais, etc.) – e isto não é uma suposição fácil –, há muito a questionar na pretendida correlação quando temos o Brasil em tela.

Reconheça-se que as pessoas de maior nível educacional têm, quando menos na média, maior renda do que as menos instruídas. Mas não é evidente que as que têm maior renda, mesmo na média, tenham maior nível de instrução do que as menos ricas. Ou: estudando muito, é possível fugir da pobreza; mas para ser rico ou bem de vida não é necessário estudar muito. Olhe em volta.

A nova fala dos conservadores explicita às avessas que só é justo dar renda a quem estuda, e que os que não o fazem não merecerão ter renda melhor. De certa maneira, esse raciocínio justifica o quadro brasileiro: tantas pessoas tão pouco instruídas só poderiam mesmo ganhar tão pouco. Já houve quem chamasse esse quadro educacional de "baixa empregabilidade". O exercício ideológico agora é chamá-lo de "baixa remunerabilidade".

Toma-se o resultado por causa. O sujeito tem baixa instrução, então vai ganhar pouco, e é populismo ou irresponsabilidade econômica pretender que ele venha a receber mais. Seu valor agregado, dizem uns, ou sua capacidade de agregar valor, dizem outros, é baixo. Enquanto isso, uns e outros ganham dinheiro. Não se perguntam por que aquele sujeito tem baixa instrução porque teriam que responder que ele, exatamente por ter baixa renda, não conseguiu se instruir. Seja porque não pôde pagar a escola, seja porque teve que largá-la para se sustentar. A falta de renda é que o privou originalmente de educação.

Também se encontra, na suposta correlação, a idéia de que, estudando, é possível a todos suplantar a concentração de renda e a pobreza. E isto não é menos do que ignorar a existência e a importância dos mecanismos estruturais que criam pobreza e concentram renda. Nossa formação econômica, a distribuição espacial, funcional e de classes da riqueza, os padrões de produção e de apropriação de renda, tudo isso passa a ser exótico. "Miseráveis e pobres, estudai! – só tendes a ganhar vossos milhões!"

Não é um espectro que amedronte, sabendo-se o quão distante, difícil e demorado seria educar toda a nossa massa de pobres, miseráveis, baixos assalariados, camelôs, comerciantes do interior e da periferia, industriais de quintal e de calçada, bóias-frias, flagelados e toda a gama de destituídos que rondam os conservadores e os ricos.

O discurso conservador desqualifica a pretensão de que mecanismos concentradores de renda e geradores de pobreza e miséria precisam ser enfrentados como tais. Como alicerces estruturais de relações de poder econômico e político. Ao contrário, "o sistema é bom", apregoam, "e melhor ainda será se fizermos reformas microeconômicas", dizem uns, "e aperfeiçoamentos institucionais", dizem outros, enquanto contam dinheiro. "As oportunidades serão iguais havendo mais educação", dizem, "usem seus ganhos para tomar aulas!" – e os pobres e miseráveis, em vez disso, (acusam-nos os conservadores ao sonegar um aumento ou uma esmola), só fazem tomar umas e outras.

É fácil, contudo, verificar que é o maior nível de renda que permite maior, imensamente maior, acesso à educação e à instrução. Seja à formação dedicada e profunda, não importa de qual nível, seja à ilustração (*o personal educator*, as casas do saber, os jornais, as viagens, os computadores, os amigos mais lidos, os livros mais vendidos e até as críticas de cinema).

O temor que eriça a bandeira dos conservadores é de que os pobres decidam que precisam de mais renda, de mais poder, para ter mais educação e, com ela, mais renda e mais poder. Por isso desfraldam a verdade de que há ricos porque estudam e há pobres porque não estudam. Mas a grande instrução é perceber que isso é só conversa de uns e outros.

Atraso de muitos, modernidade de poucos

Gazeta Mercantil, 19 de setembro de 2006

Globo or not Globo, that is the question. O Brasil brasileiro acabou antes da antiga TV Tupi, que não se esqueça pelo nome. Desde os anos sessenta, quando, aliás, surgiu e se consolidou a rede de televisão que desde então lidera a audiência – tampouco se nos escape o nome –, freqüentamos a ante-sala do mundo, um pé lá dentro e outro cá fora.

Isso não é ruim. A idéia de comunidade autárquica com orgulho do seu atraso pitoresco é dos piores valores que nossas classes dominantes utilizaram para domar as maiorias. Os grandes avanços da humanidade sempre estiveram ligados a valores universais, como o próprio conceito de humanidade e os de democracia, igualdade, razão, dignidade social, liberdade e progresso tecnológico e econômico, sem esquecer da música e da literatura. Incorporá-los e exercê-los com altivez e até as últimas conseqüências – não sei quanto a vocês – são, para mim, objetivos políticos prioritários.

Mas ingressamos no mapa-múndi aos tropeções, atravessando o ritmo. A comissão de frente chegou antes, e há tempos comemora na Apoteose. Enquanto isso, a maior parte da escola nem saiu da concentração. Mas canta o enredo sem dominar o seu sentido. Os setores econômicos que conseguiram se atrelar aos circuitos internacionais gozam de condição de excelência. São modernos, rentáveis e têm crédito barato. Os demais foram ficando sem espaço, sem consumidores, sem financiamento e sem esperança.

Comércio, indústria, serviços e finanças vinculados às ilhas de modernidade são comparáveis, em todos os quesitos, aos países mais desenvolvidos. Até a temática cultural lembra os países centrais, assim como o idioma predominante. Mas os que mantiveram sua dinâmica plantada no espaço interno e dominada por elites regionais atrasadas ainda transmitem em preto-e-branco e com sotaque castiço.

Na economia isso é visível a olho nu. Mas é interessante ver que há relações entre as diferentes alas. Uma delas é o fato de os setores modernos serem predominantemente importadores – de *chips*, de máquinas, de executivos, de cientistas e de bens de consumo sofisticados – e os setores atrasados serem predominantemente exportadores – de soja, de minérios, de *commodities* e de valadarenses. Ou seja, são meses de trabalho, com milhares de trabalhadores mal pagos, enchendo toneladas de navios por um punhado de dólares que são gastos – via política monetária e fiscal – com umas poucas quinquilharias de alto valor trazidas do primeiro mundo.

Já se falou antes de deterioração dos termos de troca. E de perdas internacionais. Mas nesses dois casos a centralidade analítica era a idéia de nação – nós *versus* os outros. Eu miro numa relação mais complexa, que trespassa fronteiras geográficas, culturais e de classes e que é o próprio processo de produção econômica mundial e seus pólos funcionais modernos e atrasados que, em visão panorâmica, se configuraram ao extenso do planeta.

O Brasil, por circunstâncias e por escolhas, não ficou totalmente de fora, mas tem camadas comparáveis aos países que nem dispõem de televisão ainda. Nem inteiramente se integrou, embora disponha de setores que até produzem conhecimento e bens de última geração. Fica ali, entre a área de serviço e a sala, vendo a novela internacional por cima do ombro do vizinho.

Na política e nas relações sociais a interação entre o moderno e o atrasado no Brasil tem muitas faces. Além da migração interna de mão-de-obra barata, há a corrente político-cultural que liga a massa de eleitores às elites regionais desprovidas de poder econômico e estas às elites modernas internacionalizadas desprovidas de votos. Para mantê-la firme, dispomos de instituições, articulistas e programações televisivas extremamente eficazes.

Não se trata de reconstruir ou forjar um suposto projeto de nação que teria sido interrompido ou nunca formulado, concepção teleológica e particularista que não pergunta nem responde a questão central. Trata-se, a questão central, de verificar quem ganha e quem perde dinheiro, prestígio e poder com o lugar que nossa sociedade – desigual, variada, esgarçada por interesses, valores e conhecimentos distintos (legítimos ou ilegítimos) – ocupa no arranjo internacional. E de questionar se nós podemos e como podemos – pode-se perguntar antes: nós quem, cara-pálida? – mudar de papel, de forma que, mesmo desigual e variada, a maioria da nossa sociedade possa desfrutar dos ganhos do progresso internacional para além de poder viajar sem passaporte para o Mercosul.

Não sei se isso é antropofagia, se é tropicalismo, se é internacionalismo ou se é teoria da (inter)dependência. Só sei que é preciso mais – quero mais – do que tocar um tango argentino.

A origem econômica e social do crime

Gazeta Mercantil, 27 de fevereiro de 2007

Não discutirei o crime organizado, que é um enorme *business*, como procurei mostrar em artigo neste mesmo espaço em maio de 2006. Só lembro que é a demanda permanente de consumidores, empregados, parceiros e empreendedores do negócio por prazer, prestígio, poder e ascensão social que o sustenta. Como em outros mercados.

Está em análise o crime desorganizado. Não o pequeno delito. Mas o bárbaro, o que assusta e comove. Assaltos seguidos de incêndios a ônibus e automóveis com pessoas dentro, latrocínios, torturas e crueldades praticadas por criminosos que não integram grandes corporações do tráfico de drogas e armas.

A violência dos eventos recentes intensificou a indignação geral. E abriu, saudavelmente, a discussão sobre processos penais e sentenças condenatórias. Mas trouxe junto um agravamento do conservadorismo mais tacanho, defensor da pena de morte, das penas cruéis e da suposta falácia da origem econômica e social desses crimes. Normal que isso se manifeste nos conhecidos conservadores, que querem manter a ordem vigente e restringir o tema ao fórum jurídico e penal.

Mas é lamentável que tenha servido como uma espécie de salvo-conduto para os não-conservadores, de extração humanista secular ou religiosa, rasgarem suas convicções e extravasarem desejos tão cruéis como os dos conservadores e os dos criminosos. Não é este, porém, o fato mais lamentável, dado que seriam apenas alguns conservadores a mais lustrando o senso comum com argumentos sociológicos, psicanalíticos, jurídicos e filosóficos. A perda pior, histórica, é de nossa capacidade de análise e de ação. Essa perda pode aviltar a sociedade e seus avanços nas soluções estruturais.

Espero deixar claro o que segue. O combate ao crime deve ser rígido, a impunidade deve ser banida, a Justiça deve ser rápida e eficiente, as penas devem ser duras, a maioridade pode ser discutida em alguns casos, o tempo de reformatório para menores pode ser revisto também em alguns casos, há razões não econômicas e não sociais para vários atos criminosos, sejam os praticados por pobres, sejam os praticados por ricos, e o desejo de vingança pessoal e coletiva que assoma em nós diante de crimes bárbaros é tão compreensível e indomável quanto o de sairmos praticando caridades diante de exemplos de missionários e voluntários do bem.

Mas há dois pontos de alcance muito maior. O primeiro: pena de morte, jamais. Foi preciso muita evolução para que não déssemos ao Estado, às instituições e às pessoas (e em alguns casos, não deixemos de lembrar, a representantes de classe) o poder de decidir sobre a vida dos demais. Se a sociedade delega esse poder, não poderá reivindicar mais nada para si. Somente sociedades primitivas (no tempo ou no ideário) aceitam essa condição.

O segundo é o mais importante. No bloco de justiceiros que desfilou pela mídia nos últimos dias, abandonou-se o diagnóstico de que há, predominantemente, razões econômicas e sociais nos atos criminosos. E este diagnóstico é um avanço enorme, demorado e valioso no poder de análise e ação da sociedade – coisa que os neoconservadores trataram de queimar, em público, na pira de sabe-se lá que demônios internos.

Passaram a lembrar que a maioria dos pobres é honesta. É verdade. Mas a maioria dos ricos, também. De outro lado, se esqueceram de que os criminosos são na maioria pobres e não ricos. Portanto, mesmo não havendo determinismo, há uma correlação entre situação de carências e incursão em atos criminosos.

Serei explícito. A pobreza é um fenômeno econômico e social que crava no ambiente e no interior dos indivíduos pobres a privação de renda, de emprego, de passado, de futuro, de dignidade, de prestígio, de status, de conquistas, de confortos, de prazeres e de luxos que, em muitos desses indivíduos, desperta o interesse por buscar de forma criminosa o que lhes falta comparativamente a outros indivíduos – para isso, podem ser recrutados por corporações do crime organizado ou adotar prática desorganizada e cruel.

Isso não é novo nem complexo. E será triste se assustar algum leitor. Saber disso tem movido os que se preocupam com a racionalidade, o humanismo e a justiça social a lutar para conciliar a prevenção e a repressão ao banditismo com a premência de reduzirmos as desigualdades sociais e de eliminarmos as privações de renda, de conhecimento e de dignidade para a maioria da população.

Alguns têm abandonado essa luta. É mais uma terrível vitória do crime.

O mercado dos jogos e a corrupção

Gazeta Mercantil, 24 de abril de 2007

Como outras compulsões, o jogo (com aposta) deve proporcionar, a quem o pratica, algum prazer ou alívio. Diferentemente das demais, contudo, oferece a possibilidade do enriquecimento ou de ao menos se ganhar algum dinheiro. Fumar, beber, comprar, cheirar, transar, comer, malhar, estudar e trabalhar, não. Por isso, a demanda, além de permanente como em todas as compulsões, é mais ampla e capaz de seduzir, ainda que esporadicamente, qualquer pessoa. Fazer uma fezinha é diferente de dar uma cafungada.

A oferta do jogo vai da mais precária à mais sofisticada, da clandestina à institucional. E, apesar de, sob análise racional e probabilística, poder levar o demandante à ruína ou à exaustão (como nas compulsões acima citadas), conta com o apoio de quem a consome: afinal, parece-lhe justo que lhe tomem o dinheiro, a calma e a saúde se lhe ofereçam, mais do que prazer, dinheiro.

Afinal, é por dinheiro que estamos a vagar no planeta neste curto período – não é esta a regra dominante? Sem ele, tudo fica difícil, a começar pela sobrevivência. Conforto, segurança, roupas e uma Ferrari, então, nem pensar. É difícil conseguir emprego; mais ainda, bom emprego; um pouco mais, ganhar bem; muito difícil, que ele ofereça segurança e estabilidade; muito improvável, que seja prazeroso; e quase impossível, que assegure velhice digna e protegida.

Descartadas a atividade criminosa e a hipótese de fundar um banco, à população sem recursos e talentos para o esporte e a vida artística resta o jogo para fazer o pé-de-meia ou enricar. A malha estruturada do lado da oferta atende ao universo desses consumidores dispostos a seguir apostando e a defender o ofertante, que lhes estaria prestando um serviço meritório. Na análise do vulgo, tais empresários se diferenciam de traficantes, seqüestradores, políticos e juízes corruptos, contrabandistas, agiotas e outros profissionais marcados pela exploração, pela ilegalidade e pela imoralidade.

Mas o parque produtivo da oferta de jogo se enlaça com todas essas outras atividades. É quase um para um que proprietários de bingo, videopôquer, caça-níqueis, ponto de bicho e cassinos tenham elos com negócios ilegais ou imorais. Um motivo é que o jogo gera muito dinheiro e precisa girá-lo em atividades que igualmente gerem muito dinheiro. Normalmente elas são ilegais ou imorais – excetuados, claro, os bancos, o esporte e o entretenimento. Não haveria racionalidade econômica em aplicar os lucros imensos de um bingo numa atividade de baixa lucratividade e retorno demorado, como uma indústria, uma loja, uma escola ou um salão de beleza. Outro motivo é que grande parte da arrecadação, mesmo em jogos legais oferecidos pelo setor privado, é fria, não paga imposto e precisa ser lavada.

Se conta com o apoio do consumidor e com a absolvição moral de quase todos (afinal, uma fezinha, a distração de aposentados, o sonho da bolada, etc. não são pecados), e move lavas de dinheiro em tantos circuitos, por que o jogo não haveria de contar com a compreensão e a colaboração de autoridades, não é mesmo? Delegados, juízes, fiscais, parlamentares, membros do Executivo e quantos seja preciso mobilizar são acionados para que o fluxo não se interrompa. Os mais valiosos são os membros do Judiciário, dado seu poder imediato, incontestável e unipessoal de definir a sorte e o azar dos empreendedores do jogo. Estes não podem contar com o acaso nem correr riscos: não apostam no escuro e fazem o que for preciso para que os resultados de suas contendas legais sejam previsíveis. Ao contrário do que oferecem ao público.

O público até gosta quando prendem uns juízes e figurões corruptos. Mas se preocupa quando isso rebate no fechamento das casas de aposta, uma vez que as autoridades e governantes deveriam estar cuidando de coisas mais sérias (assim pensam os tatibitates do povão e da intelligentsia) e não atrapalhando sua diversão.

E não vê, ou vê e aceita, que a loteria adia a liberdade para a próxima semana, que a última pedrinha nunca é cantada, que a sorte grande no bilhete da federal não vem. E que sua própria vida, do primeiro ao quinto, no milhar e na centena, ficará sempre ali, suspensa, medíocre, à beira da ruína, da exaustão e da frustração, enquanto empresários de jogo e autoridades corruptas passeiam em Ferraris compradas com o dinheiro do seu vício ou da sua fezinha.

Desigualdade e políticas econômicas

Gazeta Mercantil, 25 de setembro de 2007

Os índices de pobreza, miséria e mesmo de baixas remunerações no Brasil ainda são inaceitáveis. Há polêmicas estatísticas e qualitativas nas classificações, mas qualquer abordagem que se adote resulta em quadro humilhante. Ainda mais nas nossas economia e sociedade, que abrigam algumas dimensões tão modernas como as dos países desenvolvidos.

Tem havido melhoras relativas ao longo dos últimos anos, mas nada que nos faça pôr a cabeça acima da linha da indignidade para respirar com alguma altivez – o que é necessário quando não somos anfíbios (capazes de conviver indiferentemente com a fortuna e a miséria) nem tubarões-brancos. As melhoras começaram com o controle da inflação e com a maior ênfase em políticas de transferência de renda. Mas há causas estruturais que nos mantêm imersos na desigualdade. Reforçadas por políticas econômicas que têm efeito de concentrar renda e provocar exclusões.

O controle da inflação, com o advento do Plano Real, trouxe, como se sabia que ocorreria, ganhos reais para assalariados, que tinham suas remunerações dizimadas pela alta sistemática de preços e contratos. Geraram-se impactos positivos no consumo, na produção e no emprego, com melhoras gerais na inclusão social e econômica e nos níveis de rendimentos.

Em termos de transferência de renda, há uma série de iniciativas, algumas parcialmente iniciadas no governo Fernando Henrique Cardoso e reforçadas no governo Lula. Programas de complementação e auxílio a famílias carentes, remédios, vales para aquisição de produtos essenciais, reduções tributárias para alguns artigos, ampliação de vagas na educação a alunos carentes e outros.

Há três destaques. Um é o Bolsa-Família, pelo alcance e pelo impacto positivo que tem tido nos setores beneficiados. Há números à farta que o demonstram. Também não faltam análises sobre as virtudes e – segundo determinados pontos de vista de alguns analistas – possíveis defeitos do programa.

Outro é a Previdência Social. Desde as mudanças introduzidas pela Constituição de 1988, com o ingresso de milhões de brasileiros pobres ou sujeitos à informalidade (sobretudo na área rural), passando pela recuperação real do salário-mínimo e dos benefícios, a Previdência tornou-se o maior programa de transferência de renda do mundo, garantindo a sobrevivência de um público antes excluído. Muitos desses beneficiários passaram a ser sustentáculos de famílias, comunidades e dinamismos econômicos locais em vários pontos do Brasil. As alterações recentes adotadas no cálculo de déficits na Previdência ajudam muito a clarear e mensurar esse impacto.

Há quem seja contra esse conteúdo inclusivo e multiplicador da Previdência, é óbvio, tentando confrontar esse aspecto com a reforma da Previdência Social no sentido de recuperar sua sustentabilidade – ainda que tal reforma custe a vida e a dignidade de muitos brasileiros. Para tubarões-brancos, todos os bagres são pardos.

O terceiro é o salário-mínimo, que, além do impacto acima, atinge diretamente contingentes expressivos de trabalhadores, notadamente no interior do Brasil. Sua recuperação relativa tem tido efeito captado por vários estudos e estatísticas do mercado de trabalho.

Não é fácil, entretanto, reverter significativamente, em prazo reduzido, os níveis de desigualdade no Brasil. Nossa formação econômica e social deixou barreiras muito altas e fundas para serem transpostas. Concentração fundiária, monopólios exportadores, conexão entre elites internas e externas, exclusão na educação e na cultura, concentração regional do desenvolvimento industrial, financeirização da riqueza, etc. Só que, além disso, as políticas econômicas principais têm tido, como produto ou subproduto, o desdobramento perverso de concentrar renda.

A política monetária, centrada nos juros reais elevados, retira incentivos dos investimentos produtivos e enfraquece a geração de produção, emprego, renda e consumo. E transfere aos aplicadores do mercado financeiro levas de recursos extraídos de toda a sociedade por meio da política fiscal.

A política fiscal tem se caracterizado por extrair mais impostos de pobres e assalariados de todos os tipos do que dos ricos. Isso ocorre por meio da predominância da tributação indireta (embutida nos preços dos produtos e serviços) sobre a direta (proporcional à renda e à riqueza). Essa distorção na captação se agrava na utilização dos recursos para pagamento de juros.

E a política cambial, com a valorização da moeda, também desincentiva investimentos e retira dinamismo de muitos setores, destruindo empregos e encolhendo a renda. E favorece um tipo de consumo de importados acessível somente a parcelas já aquinhoadas da sociedade.

O Ivan Lessa diz, para leituras as mais variadas, que, se estivéssemos debaixo d'água, nada disso estaria acontecendo. Eu, no ponto em questão, acho o contrário.

A ascensão econômica dos pardos, pretos e pobres

Gazeta Mercantil, 08 de abril de 2008

O Brasil já foi oficialmente racista. E mesmo depois da Abolição muitas teses pseudocientíficas quiseram sustentar a superioridade dos brancos. Duraram, em circuito comercial, até os anos trinta. Tinham por base literatura social e idéias políticas européias. Com a derrota do nazi-fascismo, contudo, tiveram que circular só à boca pequena.

Na América do Sul, esse tema é importante no Brasil e na Argentina, nos quais o afluxo de europeus no final do século XIX foi intenso. A própria questão da modernização teve componentes raciais. Na Argentina, defendia-se o branqueamento pela imposição do europeu sobre os mestiços nativos – e isso coincidia com o poder central de Buenos Aires contra os caudilhos dos pampas. Raça, idéias, institucionalização, riqueza: o alinhamento era explicitamente defendido pelos principais intelectuais.

No Brasil, a tese do branqueamento modernizador teve menos defensores – e com peso intelectual menor. Mas eles não o fizeram menos explicitamente; e tiveram influência tanto em governos quanto em partidos e movimentos.

Tais formulações abrigavam outro preconceito: contra os pobres. Você está horrorizado de imaginar que isso existisse no Brasil. Você não vê diferença entre raças e classes sociais. Nem seus amigos. Ninguém que você conheça. Mas é verdade. Falava-se cruamente contra pardos, pretos e pobres. A aversão à pele esteve ligada a aversão à renda, aos modos, às roupas, ao aspecto físico. Regras sociais separavam os ambientes. Preços, etiquetas e arquiteturas isolavam as classes. Brancos e ricos com seus espelhos reluzentes. Pobres, pretos e pardos com seus antolhos opacos.

A exploração econômica, a dominação social e o poder político têm tudo a ver com isso, conforme se lia nos bê-á-bás considerados subversivos de então. Não se espante. Também houve subversão no Brasil. Gente que quis mudar nosso belo quadro social. Que por isso foi parar na Central, no hospital ou no xadrez e nunca mais foi encontrada.

Mas Inês é morta. Você acha que não vale a pena revirar o passado. Você fala sobre a miscigenação brasileira, sobre a convivência entre ricos e pobres e até sobre o fato de que nem há tantos pobres assim. Enxugando os lábios com as costas da mão, chega perto e sussurra: tem muito é vagabundo! Mas que ninguém o ouça, não é mesmo?

Como eu dizia, já fomos abertamente racistas e preconceituosos. Houve miscigenação, ascensão social, certa mistura de modos e padrões – mas só até o ponto em que a dominação, a exploração e o poder não fossem incomodados. Muitos brancos e ricos defendiam isso em voz alta. Hoje, quando, felizmente, aquelas são posturas proibidas e execradas, quando as classes baixas vêem sua parca renda crescer um pouco e freqüentam shoppings, restaurantes e shows sem muitos constrangimentos, quando muitos deles podem cursar faculdades duvidosas (como os produtos dos shoppings, restaurantes e shows), quando vemos os pretos, pobres e pardos nas ruas, com suas roupas, seus modos, sua aparência, seus carros baratos, sua sem-cerimônia – pois bem, hoje, os brancos e ricos ficam intimidados, se olham em frente às lojas procurando sua auto-imagem reluzente, sussurram que o ambiente decaiu, abanam – se ninguém estiver olhando – a mão na frente do nariz, e defendem, à boca pequena, maior separação, maior demarcação.

Econômica e politicamente, a ascensão dos pretos, pardos e pobres tem relação com a reeleição e a popularidade crescente de Lula. Os brancos e ricos que não aceitam isso, que não vêem em Lula a sua imagem refletida, que não suportam sua aparência, sua história, sua fala, que não concordam com essa invasão de ambientes e arquiteturas sem respeito aos preços e às etiquetas, procuram meios de criar maior demarcação. Vão para outros bairros, vão para o exterior, escrevem revistas e blogs como que abanando o nariz e sussurrando contra a vagabundagem do Bolsa-Família e o acinte dos aumentos salariais. Alguns até relêem os abecedários que consideram subversivos para lembrar como é que era essa história de ameaçar o poder, a dominação e a exploração.

Você não. Você sempre foi a favor dos pardos, pobres e pretos. Tem até amigos pobres, pardos e pretos. Você não.

O espetáculo da miséria brasileira não pode parar

Gazeta Mercantil, 1º de julho de 2008

A inflação sempre corrói primeiro, e mais, e muitas vezes somente, o poder de compra dos mais pobres. Quando ela é formada majoritariamente pela elevação dos preços de alimentos – como tem sido o caso –, corrói também o estômago vazio daqueles cuja faixa de renda é só uma corda bamba: dos dois lados e embaixo, o abismo da indigência.

Rede de proteção social deve ser uma expressão que advém daí. Se não, deveria. Não quer dizer que ela esteja estendida. Ao contrário, todos os dias despencam muitos equilibristas direto para o chão. E a galera grita: "mais um!". Alguns mecanismos de segurança são como um *bungee jump*: impedem o estatelamento, mas o sujeito moleja e fica lá, pendurado de ponta-cabeça. E a barriga roncando mais do que um leão.

Mas há mecanismos de proteção social eficientes e que são muito bem-vindos. Garantem saúde, renda, assistência, educação e amparo aos que, de forma permanente ou temporária, necessitam de recursos públicos para não morrer. O sistema de aposentadoria brasileiro – com todos os defeitos – é muito positivo nesse aspecto. O SUS, o Bolsa-Família, a expansão das escolas públicas no ensino fundamental, o seguro-desemprego – idem –, idem.

Mas é difícil nos conformarmos com a imensidão de pessoas que são alvos potenciais desses programas. Ou que nem chegam a alcançá-los. Andar nas periferias das grandes cidades, ir ao interior do Brasil, olhar as margens das grandes vias expressas, os morros, as beiras de estradas, as orlas dos rios, os lixões, os sertões, os cerrados – é uma vertigem humilhante. Crianças barrigudas, filhas de jovens mães barrigudas, homens baixos, sujos e magricelos, barracos de lona, papelão e barro, varais com trapos de lençóis (grávidos de vento), rostos escuros com olhos de gude, o teclado dos dentes só com bemóis e sustenidos, cães sujos, bacias, entulhos, escudos de times, chaleiras, aqui e ali uma boneca de olho vazado. Ou uma criança morta, não se sabe.

É como andar num trem-fantasma que não acaba. Os pobres brasileiros nos cercam como heras. Decrépitos, barbudos, rasgados, a pele indefinida pela graxa ou pelo sol. Andarilhos da Via Dutra, pedintes de Brasília, ao relento em Curitiba, a garrafa de bebida na roda na Praça Clóvis, o riso assustador. São os mesmos, quando chegam perto nos deixam sobressaltados, um cheiro na roupa e um arranhado na garganta. Uma hora vão cobrir as paredes. Vão forrar as ruas. Uma lava abraçando, cobrindo tudo.

Há os que, com tudo isso, questionem as políticas sociais e assistenciais. Querem mais superávit. Cortes nas despesas obrigatórias. Não sei se por ignorância ou maldade das piores, se por falta de responsabilidade histórica ou coletiva, ou por ausência da culpa que nos paralisa e nos obriga a algum arranjo religioso ou político mais solidário. Sei que não percebem que o túnel do trem-fantasma é como um paiol de pólvora, que os equilibristas podem pôr fogo no circo, que a cuíca pode roncar de fome e de raiva.

Parece conversa mole esta minha. Proselitismo esquerdista. Bastiões da economia ortodoxa devem se rir da minha ignorância sobre o relógio delicado que é a economia. E os da política racional e institucional bocejam com meu trololó demagógico ou populista. Seria simples para eles demonstrar que tudo se origina de nossos defeitos de caráter e de colonização, de imperfeições nas regras, de descumprimento de contratos, de eleitores iletrados, de governos contaminados pela política, de orçamentos tão vulneráveis às necessidades sociais – e que é só fazer umas reformas, adotar a "boa doutrina" e correr para o abraço. Deve ser de fato engraçado ou tedioso para eles ler um artigo como este – tão, digamos, leigo.

Ou tão estraga-prazeres. Afinal, estamos todos nos divertindo. Dá para juntar algum dinheiro, trocar de carro, viajar para o exterior, aplicar em derivativos e assinar alguma revista semanal. Segue o trenzinho. Os fantasmas. O equilibrista. Os palhaços no trapézio. Uma pirueta. O ronco. A fome e a raiva. Duas piruetas. Bravo, bravo!

Capítulo 2

A macroeconomia brasileira acabou

É o início do fim – mas já é um começo.

Frase lida em algum lugar

O debate estratégico do crescimento

Valor Econômico, 28 de janeiro de 2004

Está se reabrindo a oportunidade para o debate estratégico sobre o crescimento no Brasil, ao menos para aqueles que querem pensar, propor e atuar no sentido de superar mais de vinte anos sem crescimento econômico – o que agravou muito quase todos os demais aspectos econômicos e sociais: desigualdade e concentração de renda; deficiências na educação, na pesquisa e no desenvolvimento tecnológico; diferenças regionais; defasagens na infra-estrutura; etc.

A inflação, que desorganizou muito da economia em grande parte desses anos, acabou sendo controlada na última década por meio de um receituário (valorização cambial e juros altos) que, acompanhado por outras medidas de maior alcance (abertura externa e privatizações), acarretou ônus importantes para alguns segmentos econômicos, com destaque para os ligados à estrutura produtiva pouco vinculada ao espaço internacional.

Obtiveram-se modernizações importantes nesse período, mas restritas aos setores que já estavam ou passaram a estar conectados com os circuitos financeiros e produtivos internacionais. São como ilhas de excelência, que, mesmo se considerando sua importância econômica, têm sido incapazes de espraiar efeitos benéficos para esferas mais amplas da sociedade.

Em outro enfoque, essas quase três décadas registram também a virtual ausência do debate estratégico. Característica de nossa produção intelectual entre os anos vinte e sessenta, tal preocupação converteu-se quase totalmente em dedicação à conjuntura desde meados dos anos setenta, seja para decretar a irreversibilidade de nosso fracasso, seja para perscrutar ganhos fáceis de curto prazo, ou seja ainda para lamentar o "desvio" da nossa potencialidade.

Sobressaiu quase exclusivamente a formulação voltada à transição política, com aspirações e promessas de crescimento, mas sem forjar modelos novos, que sintetizassem experiências anteriores e possibilidades germinadas com os novos tempos e novos atores. Destacaram-se a crítica de resistência e as propostas de redemocratização geradas no PMDB e no PT. Mas neste segundo é que tal crítica começou a ganhar maior vocação para o debate estratégico.

O PT chegou ao poder anunciando exatamente mudanças nessa direção: crescimento, distribuição de renda, geração de emprego, investimento em educação e ciência, reformas na propriedade e na riqueza e nova relação econômica e política internacional. A vitória eleitoral de Lula expressou que há amplo apoio a esse ideário na sociedade. Mas isso não significa – ainda bem – que haja consenso. Há, legitimamente, setores que divergem. A começar pelo próprio PT, as polêmicas sobre caminhos e mecanismos são grandes, e é sobre elas que deve principiar o debate estratégico do crescimento.

O acordo básico sobre a pauta, porém, é amplo. O ajuste duro neste primeiro ano, em resposta à desorganização econômica vinda do Real, era previsível desde a campanha – embora dose, duração e custos devam ser questionados, até (e isto é vital) pelo que podem significar de comprometimento do horizonte. A reforma fiscal e a previdenciária não poderiam ser postergadas – e o obtido, com perdas e ganhos, é retrato razoável do que era possível neste momento em termos de arbitragem na distribuição de recursos.

Assim também a necessidade de se retomar investimentos para que o país cresça é indiscutível, havendo grande convergência sobre a prioridade do setor de infra-estrutura como alvo das inversões, seja pela sua importância seja pelo seu poder de dinamizar cadeias produtivas. Do mesmo modo, a maioria da sociedade não aceita o crescimento sem geração de emprego e distribuição de renda e riqueza. É nessas direções que avança a proposta do governo para o Plano Plurianual (PPA) 2004-2007, cujas diretrizes centrais são superar a concentração de renda e riqueza, gerar empregos e impulsionar o crescimento de maneira sustentada, com responsabilidade ambiental e compromisso com a redução das desigualdades regionais.

As primeiras formulações que o governo oferece à sociedade acerca de suas iniciativas no campo da política industrial, tecnológica e de comércio exterior (tema que ficou estigmatizado nos últimos quinze anos no Brasil) igualmente destacam como foco da ação governamental os novos produtos e processos, com ênfase na inovação, nas exportações, nos produtos de consumo de massa e nos produtos brasileiros.

Há, portanto, compromisso do governo Lula com o crescimento. Mas recursos para investimentos não existem nos orçamentos públicos, ou ao menos o ajuste fiscal não os disponibiliza. Será preciso mobilizar – e regular – recursos privados, de empresários nacionais e estrangeiros e de fundos de pensão, para, isoladamente e em parcerias com o setor público, iniciar um processo de investimentos significativos.

Este é um plano de vôo para o crescimento. Intelectuais, analistas, consultores e observadores podem contribuir com sua viabilização oferecendo subsídios, críticas e alternativas. Não podem é se omitir e zelar apenas pelo próprio argumento ou status, em detrimento da possibilidade de intervenção.

Crescimento econômico e a reeleição de Lula

Valor Econômico, 06 de dezembro de 2004

Logo depois das eleições de outubro, assisti a dois debates importantes, que, de maneira velada ou explícita, tinham como tema a segunda metade do governo Lula. No primeiro, no Instituto de Estudos Econômicos e Internacionais, o filósofo José Arthur Gianotti, o sociólogo Luciano Martins e o historiador (e assessor da Presidência da República) Marco Aurélio Garcia discutiram "O Brasil e o projeto de nação do PT". No segundo, na Associação dos Analistas e Profissionais de Investimento do Mercado de Capitais de São Paulo, o senador Jorge Bornhausen (PFL), os deputados Paulo Bernardo (PT) e Alberto Goldmann (PSDB) e os economistas Octavio de Barros e Gustavo Loyola analisaram as "Perspectivas políticas e econômicas para 2005".

De um para o outro, transitei entre dois mundos tão distantes que se ignoram. Adotando-se a perspectiva e o ambiente de um deles, o outro passa a carecer de sentido e validade. No primeiro caso, peca-se pela abrangência de recorte e pela antiguidade (sem sentido pejorativo) de método e linguagem. No segundo, por limitação (idem) do enfoque e pela obsessiva atualidade.

Nos dois debates, o centro das prospecções era o crescimento econômico. Mas é interessante observar como a abordagem de cada debate é típica – sem minimizar as diferenças entre os debatedores de cada mesa – ao mirar e tratar seu alvo. Mais do que ressaltar isso, interessa ver como elas se reproduzem no próprio dilema que o governo Lula enfrenta: como fazer a economia crescer sustentadamente, questão que não está resolvida apesar do vigor econômico do terceiro trimestre.

No primeiro debate, o tempo é imenso. Remonta à Revolução Francesa, à Revolução Russa, às duas Guerras Mundiais, ao keynesianismo, ao fenômeno social-democrata europeu. Estende-se até o futuro histórico, em linhas que passam muito acima de nossas cabeças e fornecem os fundamentos políticos, sociais e filosóficos da – surpresa! – conjuntura. O método e a linguagem são velhos conhecidos: classes, Estado, capital, nação, interesses, processos, projetos – não há um só indivíduo ou indicador a rarefazer essas densas categorias. Na minha opinião, que uso e valido muito desses recortes, método e linguagem em alguns esforços analíticos, eles pouco explicam da questão do crescimento econômico hoje. Resumidamente, porque desvalorizam alguns mecanismos concretos e "menores" que o condicionam.

No segundo debate, o tempo é curtíssimo. Remonta à taxa de câmbio da semana passada e às eleições municipais. Vai até o cenário (provável) de fevereiro, em curvas e barras que passam ao alcance dos olhos e fornecem o retrato instantâneo da – diga xis! – conjuntura. O método e a linguagem são reinventados a cada dia: *spread*, risco-país, Selic, IGP-M, base de apoio, popularidade – não há uma só categoria a abraçar essas pequenas ilhas. Também "useiro" desses métodos quando preciso, acho que eles pouco entendem da questão de fundo do crescimento. Resumidamente, porque desprezam os movimentos e atores "maiores" que condicionam tal fenômeno.

O governo Lula – talvez qualquer governo, mas neste em especial, por conta de sua composição – abriga, extremadas, as duas visões sobre o dilema do crescimento: o grupo de visão histórica e ideológica e o grupo que mira o mercado. Mas tais visões estão tão longínquas uma da outra e se repelem tanto quanto os dois eventos a que presenciei. Sendo cada uma delas precária exatamente pelo que lhe falta da outra, imagino que uma tentativa de conciliá-las será frustrada, visto que exigiria concessões fundas nos respectivos modos de ver o mundo e de nele se inserir. Ingênuo, portanto, achar que a síntese poderá ser obtida a não ser por acordo circunstancial em torno de algum objetivo maior comum aos dois. Digamos: a reeleição do presidente Lula.

Os dois grupos, assim como as duas mesas de debatedores, sabem que sem crescimento econômico, emprego e renda as chances de reeleição do presidente Lula estarão diminuídas. As derrotas em São Paulo e Porto Alegre e em cidades médias e grandes de São Paulo e do Rio Grande do Sul, apesar da ótima votação do PT, têm impactos social e simbólico muito fortes. Primeiro porque sinalizam que há boa parte das camadas médias da população que, menos de dois anos depois de decidir pelo voto em Lula, pode desembarcar da opção. Segundo porque, em São Paulo, a derrota se deu para o adversário de Lula em 2002 (José Serra) e para um dos prováveis adversários de Lula em 2006 (Geraldo Alckmin) e porque, no Rio Grande do Sul, as derrotas interromperam longa hegemonia ou ascensão do PT.

A demora em reativar de forma duradoura a economia está na base dessas derrotas. Sem crescimento não há como fazer políticas de melhorias para setores que não apenas os da camada social mais baixa. Esta tem sido bem assistida pelas administrações petistas, que reorganiza, em ética e gestão, os orçamentos públicos e consegue direcionar-lhe bens públicos antes inacessíveis. Mas, se mesmo os setores mais pobres em algum momento da melhoria passam a querer mais mobilidade e mais consumo, os setores acima dessa faixa querem isso sempre. Nenhum deles, porém, vem tendo essas aspirações atendidas nestes dois anos de governo.

O problema para o governo é que o grupo ideológico defende, com razão, que isso exige mudança social e alguma distribuição de renda e só se viabiliza em longo prazo e com crescimento econômico. Ocorre que quem comanda a economia é o grupo do governo que tem os olhos no mercado e atua no curto prazo. As altas da Selic e os superávits primários elevados são contracionistas e comprometem o longo prazo, mas respondem pelo controle econômico necessário à conjuntura.

Um ponto de encontro entre eles só será possível na lógica tática e estratégica de médio prazo: de um lado, racionalidade econômica, mas não restrita aos indicadores diários e cega aos horizontes políticos; de outro, visão histórica, mas não ancorada num futuro idealizado e de costas para os constrangimentos imediatos. O médio prazo para ambos, em resumo, é 2006.

Presente e futuro da política econômica

Linha Direta, dezembro de 2004

Senhor, fazei-me puro – mas não já.
Santo Agostinho

Todos no Brasil se dizem contra os juros altos, até os banqueiros e os aplicadores do mercado financeiro, que ganham muito dinheiro com eles. A Fazenda Nacional também se diz contra, embora consiga rolar a dívida pública e segurar a inflação com base neles. Vira e mexe acabam todos deixando escapar que os juros devem cair, mas não agora. E, tal qual Santo Agostinho antes da conversão, usufruem o quanto podem da mundanidade.

No caso da Fazenda, a estratégia de juros altos é perigosa, porque compromete temporalmente a solvência da dívida pública e dificulta as decisões de investimento. É certo que segura a inflação, mas isto todo mundo sabe. Não precisa ser bom economista. Um médico, por exemplo, pode aplicar esse receituário e obter sucesso. Do mesmo modo, um economista lograria baixar a febre de um enfermo com dose cavalar de antibiótico. Nos dois casos, porém, o perigo é matar os pacientes. A questão é justamente encontrar a sintonia fina, a dosagem correta, capaz de conciliar inflação baixa e estímulo ao crescimento.

Depois de dois anos de inegável sucesso na política econômica, o desafio que a economia brasileira enfrenta agora é exatamente o descrito acima. Quando assumiram o governo, Lula e Palocci enfrentaram quadro de desconfianças, inflação anualizada perto de 20%, dívida pública de 60% do PIB, risco-país de 2.100 pontos, juros reais de 16% ao ano, saldos comerciais de apenas US$ 10 bilhões e déficit em transações correntes de US$ 10 bilhões.

Com coragem, competência e credibilidade, adotaram rigor na condução da economia, sobretudo na política monetária (juros altos) e fiscal (superávit primário acima de 4%). Obviamente, o impacto na economia foi contracionista, como mostra a estagnação do PIB em 2003. Mas os resultados macroeconômicos são indiscutíveis. Hoje a inflação está próxima a 7% ao ano, o risco-Brasil é de 400 pontos, a relação dívida/PIB caiu para 53%, os juros reais são de 11%, os saldos comerciais são superiores a US$ 30 bilhões, o superávit de transações correntes é de US$ 10 bilhões e – melhor ainda – os resultados da produção em 2004 são animadores: o PIB deve crescer 5% este ano, como indicam os ótimos resultados do terceiro trimestre anunciados recentemente.

O problema é que as perspectivas de melhoria sustentada, ao menos no que toca à atividade produtiva, não estão asseguradas. O clima de confiança que se estabeleceu nesses dois anos explica boa parte do crescimento em 2004, mas outra parte igualmente grande se deve a dois fatores: primeiro, a base de comparação (2003) é muito baixa, o que infla o desempenho desse ano; segundo, foi exatamente a trajetória decrescente dos juros reais nesse período que permitiu o reaquecimento cujos resultados vêm à tona agora.

A retomada das elevações dos juros, iniciada em setembro, tem e terá o efeito de domar o aquecimento. Mesmo os ótimos resultados do terceiro trimestre já mostram que há uma perda de ímpeto.

A variação acumulada em doze meses e no trimestre contra períodos equivalentes de 2003 é positiva e crescente – o que só confirma que 2004 foi melhor do que 2003. Mas a comparação de trimestre contra trimestre anterior mostra crescimento decrescente – ou perda na margem, como se diz em economês.

Decisões de investimento e consumo refugam quando os juros reais sobem. Isso é o que está ocorrendo no momento. Nada que não seja reversível: a retomada da trajetória de crescimento na margem poderá ocorrer em 2005, dependendo de a política monetária relaxar um pouco mais. Mas por ora vale o escrito.

E por que o Copom voltou a subir os juros? Porque, com o choque do petróleo e a alta dos preços administrados (antigamente chamados de tarifas públicas), teme que a inflação de 2005 supere a meta de 5,1%. Só que, cá entre nós, o problema aí é a meta irrealista. Seria muito mais realista e favorável à economia manter a meta da inflação nos níveis de 2004 e deixar a economia se reativando sem perigo nenhum de aceleração inflacionária – não há mais, como no passado, condições de mercado para repasses de preços capazes de desorganizar a moeda.

Também negativo é o efeito do câmbio valorizado. Os saldos comerciais externos e os juros reais elevados depreciam o dólar. Isso atrapalha as projeções de saldos comerciais e de transações correntes, aumentando a vulnerabilidade externa. O Banco Central deveria comprar dólares, valorizar a moeda e impedir tais impactos – mas não o faz temendo que o câmbio eleve a inflação.

Estamos, por excesso de temor e de conservadorismo do governo na área econômica, perdendo um grande momento para deslanchar um círculo virtuoso de crescimento com estabilidade econômica. Falta ajuste fino. Dosagem correta. Talvez porque falte agenda de médio e longo prazo e o remédio seja usufruir do sucesso imediato.

Política econômica
e economia política

O Estado de S. Paulo, 28 de junho de 2005

Até há poucos dias, discutia-se nos jornais, nas consultorias e na academia se a economia estava em desaceleração ou se mantinha o crescimento registrado no segundo semestre de 2004. A discussão tem implicações concretas: os diferentes cenários dela decorrentes influenciam decisões de atores públicos e privados e condicionam o próprio desempenho econômico presente.

Mas a discussão importa também pela matização que empresta aos seus protagonistas. Em geral, os alinhados ao governo por política ou por concepção econômica sustentavam que o vigor se mantinha apesar dos juros altos e que as projeções eram auspiciosas. Divulgaram exercícios estatísticos das mais diferentes sofisticações a serviço desse argumento.

Os números que o IBGE divulgou sobre o desempenho do PIB no primeiro trimestre e o anúncio do Ipea sobre suas projeções para 2005, porém, fizeram derreter esses exercícios. Segundo o IBGE, o PIB cresceu apenas 0,3% no primeiro trimestre de 2005 em relação ao quarto trimestre de 2004 e, comparado com o primeiro trimestre de 2004, apenas 2,9%. Já o Ipea baixou a expectativa do PIB de 3,5% para 2,8% neste ano. No item investimentos, a redução foi de 8,3% para 4,8%

do PIB. "No decorrer do primeiro semestre do ano acentuaram-se os sinais de um gradual arrefecimento do processo de expansão da economia brasileira iniciado no terceiro trimestre de 2003", concluiu o instituto.

Por se tratar do governo Lula, há aspectos interessantes no debate em torno do crescimento. No campo dos progressistas (ou de esquerda, no sentido de Norberto Bobbio) que vinham sustentando que o crescimento se mantinha, encontrava-se o argumento de necessidade de consolidação do governo e de sua continuidade. Haveria razões táticas e estratégicas ao seu lado – e as estatísticas estão aí para isso mesmo.

No espectro dos que, também de matriz esquerdista, apontavam problemas efetivos e potenciais no nível de atividades – e que infelizmente estávamos certos –, o argumento central é que o estágio atual de juros e do câmbio é perigoso não só para a dinamização do mercado produtivo – com perdas para o emprego, a renda, a melhora qualitativa na arrecadação de recursos, a viabilização de políticas distributivas, a diminuição da pobreza e da desigualdade –, mas também para o próprio projeto de viabilização de um governo popular e reformista no Brasil.

O desestímulo que juros reais da ordem de 13% ao ano impõem ao investimento e à produção; o entrave que o câmbio de R$ 2,45/US$ 1,00 acarreta para as exportações; as implicações dinâmicas que esses dois fatores trazem para a dívida pública, as contas externas e a capacidade fiscal do Estado de gerir negócios e praticar políticas de gastos sociais e de investimento; enfim, essas relações não são tema de batalha exegética e estatística. Estão consagradas nos manuais de economia. Negá-las em favor de interesses tático-estratégicos pode ser inteligível como cálculo de maximização de benefícios presentes e de curto prazo.

Mas ignorar que o desempenho medíocre da economia sacrifica as chances eleitorais futuras da esquerda, a viabilização de um projeto reformista e popular, a democratização das decisões públicas/políticas e a ampliação estrutural e continuada da inclusão econômica, social, cultural e política da população é não só ininteligível se vem de cabeças historicamente comprometidas com esses anseios como também muito pouco inteligente.

A tragédia do subdesenvolvimento

Jornal do Brasil, 28 de novembro de 2005

Perto de terminar, 2005 registra desempenho mediano da economia. Há vitórias, como o controle da inflação, os superávits primários e os saldos externos. Mas há pontos perdidos. O crescimento do PIB ficará em torno de apenas 3,5%, o financiamento da dívida pública continua oneroso e devora todo o superávit primário – mais uns bilhões de sobremesa – e o câmbio sobrevalorizado trava as rodas das exportações na hora em que engatavam a quinta.

Poderia ter sido pior, claro. Temeu-se que a crise política descarrilasse a condução da economia, o que felizmente não se deu. Algumas incertezas no quadro externo mostraram-se passageiras e não alteraram o ambiente. A propensão a travar investimentos em face dos juros reais tinha motivos para se espraiar, mas ficou relativamente contida. E o efeito do câmbio acabou parcialmente compensado por mudanças positivas no comércio externo e por elevações de preços de *commodities*. Mas não é bom nos contentarmos com isso.

Principalmente porque poderia ter sido muito melhor. Liquidez internacional poucas vezes registrada no período recente, oportunidades reais no aquecido mercado externo, inflação em níveis compatíveis com juros muito mais baixos do que os vigentes, existência de projetos, investidores e usuários de infra-estrutura na ponta dos cascos – enfim, um quadro propício a obter neste e nos próximos anos taxas muito maiores de crescimento. E, no entanto, isso parece escapar entre os dedos da mão fechada do governo.

Mais do que trazer melhores indicadores econômicos e mais espaço para a gestão pública, abraçar e explorar essa oportunidade talvez nos reavivasse a idéia de que temos pela frente o desafio primordial do desenvolvimento. Idéia motriz da concepção de Brasil nos primórdios do século XX – e combustível de sua arquitetura industrial moderna –, a obsessão pela superação da armadilha do subdesenvolvimento foi esquecida nos últimos trinta anos, fruto ou causa do próprio esgotamento do crescimento econômico.

Obrigados a gerir o curto prazo, pautados pela necessidade das elites (de dentro e de fora) de manter seus ganhos sem geração de riqueza, tropeçando em inflação, desajustes fiscais, crises cambiais, planos de estabilização, financeirização, desmonte do setor público e outros leões diários, os governantes desse período tiraram do foco oficial nossa tragédia: o atraso educacional, produtivo e tecnológico, além da miséria e da desigualdade.

O governo Lula é resultado – muito antes de sua eleição em 2002 – da ressurgência daquela idéia, mas se vê como que a abdicar dela. Exibe suas vitórias macroeconômicas sem conectá-las à maior ou menor viabilização de uma estratégia de desenvolvimento, muito embora, diferentemente dos governos que o antecederam, não falte a este convicção quanto ao que precisa ser feito.

Por isso, não podemos nos contentar com o desempenho mediano quando há condições para passos mais largos. A viabilização de investimentos em infra-estrutura e logística, a modernização do mercado de capitais, a pesquisa científica e tecnológica (notadamente em bioenergia e farmacêutica, que são as fronteiras mais promissoras e nas quais temos grandes vantagens) e o maior nivelamento (pelo alto) nos níveis educacionais e de renda deveriam ser os parâmetros da avaliação deste ano que se acaba. Se fossem, estaríamos em recuperação.

Que sejam os do ano que vem. Já que passamos na média, que usemos este bom patamar da macroeconomia – aliás, bem melhor do que o deixado por oito anos de gestão do PSDB – para nos impor um pouco mais do que os boletins de conjuntura costumam chamar de cenário otimista.

De todo modo, os horizontes mais prováveis para 2006 são bons. Com a manutenção da queda gradual dos juros e o bom cenário internacional, devemos assistir a um razoável dinamismo na economia, que poderá crescer até 5%. Alguns grandes projetos em transportes, na modalidade das PPPs, devem ter início. E deve haver uma melhora nos níveis de crédito ao investimento e ao consumo, junto com melhoras marginais no emprego e na renda.

Com o câmbio valorizado, haverá ganhadores e perdedores entre os que se dedicam às exportações e/ou às importações, a depender de seus preços, de sua matriz de insumos e de sua concorrência. Este pode ser um aspecto com forte influência não só na consistência da gestão macroeconômica, mas também no encadeamento ou não de algum caminho mais estratégico. Se é que vamos voltar a debater este assunto.

A política econômica no governo Lula

Gazeta Mercantil, 08 de dezembro de 2005

A primeira fase do governo Lula na economia durou até o início de 2004. O presidente tomou posse em meio a incertezas do mercado quanto a seus compromissos e sua competência em relação à chamada gestão econômica responsável e gastou todo o primeiro ano a dissipá-las. Juros altos e superávits fiscais trataram de domar a inflação e as dúvidas remanescentes no mercado. Mas domaram também a economia. O anúncio de crescimento nulo em 2003, feito no início de 2004, encerrou a primeira fase.

Mas quem vê conjuntura não vê coração. A política econômica do primeiro ano não era só imposição das circunstâncias, preparação de terreno para adoção de outra orientação mais condizente com os discursos e as promessas petistas. A necessidade de, naquela quadra, espraiar confiança e responsabilidade deu as mãos à vontade de comer: os responsáveis pela condução da economia partilham de um ideário que entende a confiança dos agentes como a variável principal – ou única – do engenho econômico. A dúvida principal é a rolagem da dívida pública, da qual os agentes são credores.

A segunda fase teve início com as reduções da Selic e começaram a surtir efeitos positivos no segundo semestre de 2004, com os níveis de produção e consumo atingindo patamares elevados. Os juros baixaram porque estavam altos demais, porque a política, estúpidos, é importante e porque – alguém notou – podiam pôr a perder o próprio selo de solvência da dívida que o aperto fiscal quer emanar.

Mas o fim da segunda fase e o começo da terceira fase emergiram logo, em setembro de 2004, com a retomada das elevações da Selic. O ideário econômico temeu que a atividade econômica superasse a capacidade potencial da economia e gerasse inflação. Puxou o breque dos juros. Não houve cavalo-de-pau, mas a perda de aceleração deu à curva de crescimento o contorno do vôo de galinha. Os números recentes e as projeções do crescimento deixam claro o impacto negativo dos juros altos.

Hoje o patamar de atividade é baixo e os investimentos, a produção e o consumo perderam força. Os juros reais baixam timidamente depois das altas seguidas até junho. Programas estruturais (PPPs e Política Industrial, Tecnológica e de Comércio Exterior) não avançam. O câmbio está valorizado como na época do Gustavo Franco. Emprego e renda se mantêm em patamares brasileiros, como é costume dizer na África.

O principal desafio no curto prazo é transitar da atual política econômica para a retomada dos investimentos. É preciso preservar a inflação baixa, os bons resultados fiscais e os saldos externos. Mas o baixo nível de atividades, a baixa formação bruta de capital fixo, o câmbio represado e os juros reais elevados podem pôr tudo isso a perder caso ocorram duas situações: a) mantenha-se tudo como está (o bicho come); ou b) tente-se sair desse quadro com pressa (o bicho pega).

Não é armadilha simples. A primeira situação dá ao governo o conforto da calmaria do mercado e a compreensão dos atores econômicos mais poderosos. Mas tende a travar a economia, a deteriorar as exportações e a fragilizar a dívida pública. A segunda situação poderia render apoios mais amplos ao impulsionar saltos na produção e no consumo, mas poderia cobrar o custo da alta inflacionária e da hesitação nos financiadores da dívida.

A opção tem sido a primeira situação, tendo em vista a prioridade explícita de contenção da inflação e de segurança aos credores financeiros. Não está de todo errada, dadas nossas vulnerabilidades. O erro está na adoção desse caminho como absoluto, abstendo-se de criar condições para a saída organizada em direção aos incentivos aos investimentos. E quanto mais tempo nele se persiste, tanto mais difícil vai ficando a possibilidade da saída organizada.

A redução gradual das taxas reais de juros poderia ter sido iniciada há alguns meses. Poder-se-ia ter contido a valorização do câmbio. A combinação menos perversa dessas duas variáveis não teria causado nenhum estrago na estabilidade monetária nem afugentado os investidores e teria desarmado um pouco do impasse.

No médio e longo prazo, abrir-se-ia espaço maior para a retomada de investimentos produtivos e para ações estratégicas. Mercado de capitais maior e mais moderno, parcerias entre capitais público e privado e políticas massivas em educação, em inovações científicas e tecnológicas e em desconcentração regional e de renda, por exemplo. Como objetivo maior, inclusão social e econômica de trabalhadores e desempregados e melhoria das condições de renda e de vida da população.

Em *O informe de Brodie*, Borges diz que, para quem só conta até quatro, "o infinito começa no polegar". Difícil imaginar que possamos ir muito longe se miramos tão perto e não enfrentamos nem o desafio de curto prazo.

A economia nas eleições

Gazeta Mercantil, 21 de dezembro de 2005

Durante o governo FHC (1995-2002), simulou-se a existência de um debate entre duas correntes de pensamento econômico. De um lado, os ortodoxos, comandados pelo ministro Pedro Malan; de outro, os heterodoxos, seguidores de José Serra. Na verdade, nunca houve esse debate. Durante o primeiro mandato (até 1998), imperou sozinho o oportunismo político: sobrevalorização cambial, déficit fiscal, abertura externa sem critérios, déficits externos e clientelismo regional. Ninguém no governo reclamava. Havia inflação baixa e algum crescimento econômico. Todos estiveram unidos no governo e nas eleições e lucraram com isso.

No segundo mandato, eclodida a crise, os juros subiram, fez-se arrocho fiscal, desvalorizou-se a moeda, o crescimento cessou, as reservas caíram, a aliança dominante se esgarçou – e houve nova unanimidade no oportunismo político. Os seguidores de Serra, que era ministro e tinha aliados em toda a Esplanada, passaram a se chamar de desenvolvimentistas e a pregar a "continuidade sem continuísmo". Virou candidato oficial, do presidente, dos ministros, do PSDB e do PFL.

Nenhuma questão fundamental separava os dois grupos. A dosagem da valorização cambial (não era grande visão teórica discordar do ouro de tolo de Gustavo Franco) e dos juros reais (idem quanto ao exagero monetário de Armínio Fraga) não demarca diferenças de fundo. Privatização, abertura externa, reforma do Estado, reforma da Previdência e alianças sociais e partidárias são, estes sim, temas que dão fronteiras a escolas e concepções diferentes. Nestes, estiveram todos, os oito anos, no mesmo barco.

O suposto debate serviu a duas finalidades. Uma, demarcar território político, o próprio e o do oponente na guerra por espaço dentro do poder – é sutil, mas fácil entender que o contraste mútuo ilumina mutuamente. Outra, monopolizar num só campo o debate ideológico ou teórico. Fechavam-se, à direita e à esquerda, as pistas para outros coadjuvantes buscarem a dianteira.

Não deu certo. A crise do segundo mandato foi grande (câmbio, inflação, crise externa, apagão) e possibilitou que outros nomes tomassem velozmente os acostamentos. Dois foram abalroados: Roseana Sarney e Ciro Gomes. A primeira no *guard-rail* da direita. O segundo, no da esquerda. Outro, porém, Lula, com muito mais legitimidade portador do tema da mudança, do crescimento econômico e da distribuição de renda, impediu a monopolização do debate e venceu.

A adesão do governo Lula ao receituário econômico que vigeu no período anterior embaralhou ainda mais esse jogo. Dentro do governo, ressurge o falso debate. Há os ortodoxos, seguidores do ministro Antônio Palocci, e os desenvolvimentistas, cuja porta-voz é a ministra Dilma Rousseff. Mas, de novo, trata-se de pendenga quanto à dose, não quanto à concepção. Oculto, mas mais importante, é o esforço por deixar dentro do campo governista a discussão de opções econômicas e políticas. Fechar a pista ao discurso de mudança que venha de fora.

E a oposição faz o mesmo jogo. Unida no oportunismo do poder com FHC, permanece unida agora no oportunismo oposicionista com o governador Geraldo Alckmin e com José Serra. Simula haver entre eles separações de concepções – que na verdade são só de estilo. Mas consegue lucro real: mantendo a suposta disputa entre si, os dois tucanos tentam monopolizar o debate e restringir as opções.

É como se as eleições estivessem antecipadamente sendo disputadas entre os dois, sendo Lula o coadjuvante. Qualquer dos dois que vingue estará, nessa estratégia, antecipando o resultado eleitoral. Por isso não se atacam. Por isso adiarão ao máximo a definição. Seguirão pautando as pesquisas em torno da questão de quem com mais folga vencerá Lula. Um, com discurso e óculos de ortodoxo; outro, com discurso e olheiras de heterodoxo.

Quatro vertentes, portanto, no mesmo jogo. As reais possibilidades de cada uma delas, porém, estarão definidas não por imagens e discursos, mas pelos resultados reais que a economia apresentar em 2006. Assim como definiu nas eleições de 1998 e nas de 2002.

Economia, eleição
e novo governo

Gazeta Mercantil, 1º de fevereiro de 2006

O ano de 2006 ainda não começou na economia e na política. Há muita coisa em jogo e as peças não estão nem sequer totalmente posicionadas. No primeiro campo, a questão central é a evolução dos juros e o correlato nível de atividades. No segundo, quais serão as candidaturas às eleições de outubro e, óbvio, seus possíveis vencedores. Há uma razoável correlação entre essas questões. E mais: as duas, combinadas, podem configurar as feições do Brasil no médio prazo.

Na economia, a situação confortável da inflação, tanto nos índices de varejo (que ficarão, no ano, abaixo de 5%) quanto nos de atacado (cerca de metade daquilo), dá folga para que mesmo o conservadorismo dominante no Banco Central avance nas reduções da Selic até o nível de 13% ou pouco menos no final do ano. Para isso são necessários cortes, na média, menores do que os de meio ponto percentual ao mês que já vêm sendo adotados – ou seja, é realista projetar essa trajetória. Se confirmada, teremos juros reais de 8% ou 7% em dezembro, que são altos em relação ao resto do mundo, mas muito menores do que os 12% atuais.

Isso dará ao longo do ano continuado impulso à atividade econômica. Como as condições externas são e permanecerão boas (liquidez farta e juros baixos nos EUA), é de se esperar crescimento seguro. Pode até haver alguma ousadia e o ritmo médio da redução da Selic ser maior no primeiro semestre e menor no segundo, garantindo resultados positivos mais nítidos antes da eleição. Nisso ajuda também a sazonalidade da produção, que tem mais vigor nos dois trimestres intermediários do ano.

Com as reduções dos juros, o câmbio pode corrigir uma parte de sua valorização e atenuar a tendência de perda que já se observa no desempenho das exportações. Também podem ficar menores o carregamento e o tamanho da dívida pública em relação ao PIB. E podem começar as montagens de consórcios e investimentos para os grandes projetos de infra-estrutura na modalidade de PPP, cuja moldura institucional está pronta.

Sabe-se que, mesmo tendo caído muito a elasticidade emprego-produto na economia moderna, há efeito positivo do quadro acima na criação de emprego e na geração de renda. No Brasil, esse efeito reverbera rapidamente no represado mercado consumidor, ainda mais na presença de crédito, cuja proporção em relação ao PIB (30%) ainda é pequena e tem muito a se expandir.

Na política, esse panorama produzirá impactos favoráveis ao governo Lula, cuja imagem está associada desde sempre à expectativa de aquecimento econômico, e cuja popularidade tem mostrado enorme resistência às crises políticas e às frustrações decorrentes do baixo crescimento dos três primeiros anos de seu mandato. Daí poderá advir a recuperação do favoritismo que Lula exibia até meados de 2005.

Tudo pode ser diferente, porém. Juros altos, baixo crescimento, queda das exportações, esqualidez no mercado de trabalho e insatisfação com o governo. Lula então não recuperará o favoritismo e a oposição terá grande chance de vencer. Mas não se deve dar de barato, mesmo neste quadro, que Lula estará fadado à bancarrota. Sua presença no segundo turno é quase certa e há variáveis fortes a seu lado, como o alcance do Bolsa Família e do salário mínimo.

Para a oposição, a dificuldade maior é que um ou outro cenário econômico não estará claro até março, quando tanto o PSDB quanto o PMDB terão que ter decidido com qual candidato irão às urnas em outubro. É justamente entre abril e setembro que a economia mostrará sua face predominante. E Lula tem até junho para lançar seu nome oficialmente, o que o deixa confortável neste momento. O PMDB tem ovos em várias cestas, mas o PSDB vive um drama de tipo bola ou búraca nesses próximos dois meses.

Quanto ao futuro, com a economia crescendo e a reeleição de Lula, há chances de o novo governo se abrir mais – desde a campanha – a alianças, escapando ao relativo e cadente manejo que o PT exerce neste mandato, mesmo porque o partido deve perder representantes. Isso pode dar maior sustentação a Lula e assegurar estabilidade econômica, mas talvez sacrifique um pouco mais a esperança de reformas distributivas.

Com a economia estagnada e a eleição de um peemedebista ou de um tucano, o acirramento social e político entre o novo governo e a oposição deve ser maior, dados o enfrentamento na campanha e o desconforto com que PT e grupos aliados voltarão à oposição. Mas isso talvez ponha na pauta a obrigatoriedade de políticas de crescimento e de distribuição de renda. Pauta que o novo governo, claro, pode seguir ou desprezar, a depender do oposicionista vencedor e de seus aliados principais.

Economia, Copa do Mundo e eleição

Revista CNT, fevereiro de 2006

Já foi maior, mas ainda é freqüente a associação entre Copa do Mundo e resultados eleitorais. Herança do regime militar, quando o general Médici buscou se identificar com a seleção tricampeã em 1970. Normalmente se diz que a vitória da seleção amealha votos para o governo, e a derrota, para a oposição.

Bem que os governos tentam – de forma mais sutil do que Médici –, mas essa associação não é verificável. Fernando Henrique Cardoso venceu no primeiro turno em 1994, no tetracampeonato trazido por Romário, mas também em 1998, quando o Brasil perdeu da França na final. E seu candidato, José Serra, perdeu para Lula em 2002, quando Ronaldo nos deu o pentacampeonato.

A principal relação tem sido observada entre economia e resultados eleitorais. Em 1994, na estréia do Plano Real, a vitória governista foi avassaladora. E de virada: poucos meses antes da eleição Lula liderava as pesquisas, e Fernando Henrique acabou consagrado no primeiro turno. Em 1998 ainda se viviam algumas glórias do Real, embora àquela altura artificiais, e FHC saiu-se de novo vencedor. Mas em 2002, depois de quatro anos em que crises sérias (câmbio, apagão, estagnação) desmontaram o time governista, Lula é quem deu a volta olímpica.

Se for mantida este ano, essa relação indica um quadro potencialmente favorável a Lula. A queda gradual dos juros, a inflação baixa e a liquidez externa podem assegurar um crescimento visível neste ano, sobretudo se os efeitos no mercado de trabalho repercutirem como uma "ola" nas arquibancadas. Se, ao contrário, os juros permanecerem elevados a ponto de travarem o crescimento, a oposição pode crescer no jogo.

A Copa do Mundo atuará como dinamizador de importantes segmentos da economia. Publicidade, material esportivo, eletroeletrônicos e viagens são alguns dos principais. Nesse sentido, também a eleição tem seus impactos: material gráfico, camisetas, cabos eleitorais, viagens, anúncios e shows (a depender da legislação) costumam ser os negócios mais ativados.

Obras públicas e medidas expansionistas também costumam ser mais assíduas em anos de eleição. Isso anima a atividade econômica. Mas só convencem a torcida se forem parte de um programa consistente e sustentado. Porque, neste terreno, ao contrário da Copa, não vale ganhar com gol de mão, impedido, no último minuto. Tem que jogar bonito.

O Copom, a Quaresma e o Casmurro

Gazeta Mercantil, 15 de março de 2006

Entre a última reunião do Copom e a próxima transcorre a Quaresma, que tem muitos significados. Penitência e renascimento são os mais lembrados. Para os cultores de Machado de Assis, como o nosso ministro da Fazenda, Antônio Palocci, deve sempre vir à mente a frase de Bento Santiago: "para quem tem que pagar na Páscoa, a Quaresma é curta".

Tanto Palocci quanto a sociedade de um modo geral poderão fazer o percurso da Quaresma como quem entra e sai do calvário. Para o ministro há fatores não-econômicos importantes a serem superados. Eles talvez ainda causem barulho nesse período, mas devem ser abafados com o encerramento formal ou político das CPIs, que deve se dar antes da malhação do sábado de Aleluia. Mas os fatores econômicos também são fortes.

Na virada do primeiro para o segundo trimestre, costuma se fazer notar a retomada da produção, cujo desempenho é ruim desde o final do ano passado e está ainda relativamente contida pela demanda fraca, que todo verão descansa um pouco entre o ano-novo e o carnaval. Sazonalmente, depois das águas de março, inicia-se em abril o aquecimento das fábricas com vistas à demanda crescente que se registra de junho (aproximadamente) até o final do ano. Esse é um tempo, portanto, de esperadas boas novas nessa área. É de se aguardar que Palocci as use para convencer os tomés – santos e pecadores – de que está vivo e forte na condução da economia.

Para a sociedade, interessa observar que os juros foram reduzidos no início de março e podem incentivar investimentos em dimensão um pouco maior do que a variação típica do período, principalmente se as apostas e especulações do mercado (que os teóricos chamam de expectativas racionais dos agentes econômicos) seguirem sendo de novas reduções da Selic até dezembro. Assim, a própria economia pode ganhar uma força interna capaz de aumentar sua inclinação ascendente e prenunciar um ano bastante positivo, com o PIB variando cerca de 5% em 2006. Para a numerosa população que jejua de carne independentemente da dieta religiosa e da seita alimentar, e cuja paixão já se prolonga, pode ser uma promessa de vida ou de ressurreição.

É bem possível que seja esse o quadro predominante, tanto para o ministro quanto para parcelas da sociedade. Mas a Quaresma, de fato, é curta. E cobra pressa. A evolução do cenário depende muito da convicção que se firmará ou não no curtíssimo prazo acerca da queda dos juros reais – e, de modo relacionado, do ajuste relativo do câmbio – nesses quarenta dias. E culminará com o Copom assumindo sua responsabilidade para com nossa obrigação de crescer e gerar emprego e renda ou com o Copom lavando as mãos – nesse caso, para Palocci, para a sociedade e, como quem não quer nada, para o governo Lula.

Há muito tempo, as decisões do Copom se descolaram da lógica mais refinada do mundo produtivo (e político) e se encastelaram ou insularam na lógica mais rasteira do mundo teórico (e político). A limitação do crescimento efetivo ao suposto crescimento potencial de 3,5% em nome do represamento da inflação tem entregado levas de empresários e trabalhadores aos leões financeiros – que não jejuam nunca. Nem mesmo, ou não principalmente, quando a economia brasileira tem o pior desempenho da América Latina (2,3% de variação do PIB), melhor somente que o do devastado Haiti, como ocorreu em 2005.

Os índices e as projeções mais consistentes de inflação asseguram, no varejo e no atacado, a manutenção da estabilidade. Pela primeira vez o IPCA deve ficar no centro da meta do Conselho Monetário Nacional: cerca de 4,5% em 2006. Os preços no atacado, dada sua variação baixíssima em 2005 (menos de 2%), carregam poucas pressões para os reajustes contratuais e livres previstos para este ano. Por outro lado, o dinamismo da exportação vem fraquejando com o peso do real valorizado sobre os ombros. E o tamanho crescente dos encargos financeiros na dívida pública transforma todo o esforço de estagnação econômica, carência social e geração de superávit primário em autoflagelo.

Nesse quadro de perspectivas e penitências, estão dadas as oportunidades e necessidades para reduções expressivas nos juros reais, determinados pela Selic. A próxima reunião do Copom, logo depois da Páscoa, terá a chance de fazê-lo numa conjuntura decisiva para todos. Se, ao contrário, mantiver os olhos oblíquos encantados pela sua econometria, ficaremos, como o mesmo Bento Santiago lá do início, sem saber, depois de tudo talvez ter dado errado, se terá havido ou não traição ou se nossa hipótese será só o jeito amargurado com que contaremos a história.

Crise política e anticrise econômica

Gazeta Mercantil, 31 de março de 2006

Grandes crises políticas e grandes crises econômicas costumam ser catalogadas como tais depois de um certo tempo. Com a distância também aprendemos que elas não se manifestam isoladamente e as estudamos de forma interligada, com os aspectos de uma alimentando os da outra. Talvez nunca se forme consenso sobre a preponderância de aspectos nem qual foi o fenômeno originador. Mas isso não impede que haja ampla aceitação quanto à periodização histórica que utiliza esses momentos de crise como demarcadores de etapas, fases ou ciclos, dependendo do tamanho do microscópio ou do telescópio.

Na história recente do Brasil, temos registros – para ficar nos menos sujeitos a polêmicas quanto à sua dimensão – de alguns desses momentos: o golpe de 1964; a queda do regime militar; e o colapso da Nova República e do governo Collor. Nos três casos, processos econômicos e políticos de grande vulto e duração são nítidos, ainda que interpretações diferentes lutem para se impor como a definitiva.

Mas chama a atenção que o alcance e a duração da crise política que está em curso desde junho do ano passado, embora já tenham dado a ela o direito de ser classificada como "grande crise política", não tenham – a olho nu – a companhia entrelaçada de processos econômicos significativos. A menos que estejamos no limiar de uma crise econômica ainda não visível – e que só venhamos a conhecer, explicar e até a "prever" daqui a alguns anos, quando olharmos nosso rastro na areia, o fato é que se garimpa o ambiente atrás de um filão mas o cenário econômico escorre entre os dedos sem deixar nem ao menos uma pepita.

No início dos anos sessenta, o impasse acerca do aprofundamento da industrialização e do capitalismo no Brasil e os conflitos sociais e políticos em torno da maior integração das camadas médias e populares à apropriação da renda e sua participação nas decisões públicas são normalmente tidos como os processos estruturais que emolduram e dão conteúdo ao golpe militar. Inflação crescente, perda de ímpeto do crescimento, crises de gabinete e de maiorias, greves e confrontos são os pigmentos que compõem o quadro maior, dando-lhe definição tanto maior quanto mais de longe o olhamos.

Entre o final dos anos setenta e meados dos anos oitenta, o esgotamento do crescimento econômico e a irrupção de movimentos sociais (sobretudo o sindical) corroeram a hegemonia do regime militar e abriram a bifurcação seguinte: crescer distribuindo renda e ampliando a democracia, ainda que ao custo de aumentar nosso descompasso com as novas formas de produção industrial e financeira mundiais, ou crescer diminuindo esse descompasso, ainda que ao custo de mais exclusão social, preservando-se a democracia representativa. A Nova República trilhou a primeira opção, mas sob oposição cerrada tanto dos movimentos sociais quanto dos defensores da segunda opção. Derreteu-se em 1988-1989, quando essas duas forças se confrontaram na eleição que ungiu Collor e a agenda de liberalização e integração ao mundo econômico.

A crise que pôs fim ao governo Collor foi uma reação do corpo político destituído pouco antes, mas também dos interesses econômicos pró-internacionalização que viam seus objetivos ameaçados com o desequilíbrio da condução do processo. A reorganização, que acomodou esse conjunto de aspectos, se consolidou desde então, e há dez anos não se entrevia a possibilidade de novas rupturas de igual monta.

Eis que a crise política de 2005 eclode, se avoluma, se alarga, se aprofunda e dura. Dura até hoje. Às vezes reflui no varejo e engrossa no atacado, às vezes vice-versa. Já derrubou todo o andaime da sustentação de Lula na eleição de 2002: José Dirceu, José Genoíno, Luis Gushiken, Duda Mendonça e o próprio PT e sua tradição de ética. E agora mói Antônio Palocci, o totem avalista da confiabilidade econômica que Lula adquiriu na campanha e no governo.

Porém, olha-se em torno, olha-se fundo, olha-se para trás e adiante e nada. Nenhum sinal de que estamos no meio de um redemoinho econômico, um impasse, um debate acirrado, um processo decisivo, seja de declínio, seja de ascensão, ou seja de uma qualquer grande mudança. A política econômica é a mesma há doze anos – os atores econômicos mais poderosos, dentro e fora do país, só querem que ela siga assim – e, mais espantoso, é uma política econômica em que nada acontece: pouco se cresce, pouco se cai, pouco se inova, pouco se retrocede. Tudo parado. O que, por eliminação analítica, parece estar em jogo é só e justamente isso: ficar parado. A decisão, a julgar pela voz do mercado, dos analistas e dos atores, é apenas seguir tudo parado.

Mas a crise política cresce, se avoluma, se aprofunda, engole a tudo e dura. É de se perguntar se não há mesmo algum processo econômico ou antieconômico nisso tudo. Pode ser que aprendamos, mais tarde, que é tudo apenas um ajuste de contas ou uma entropia do sistema político. Mas hoje, visto de perto, está esquisito.

A economia real e as próximas eleições

Gazeta Mercantil, 12 de abril de 2006

Lula é favorito na eleição presidencial de outubro. Por várias razões. A mais subjetiva é seu carisma. Desde o tempo do sindicalismo, passando pelo período brancaleônico do início do PT e atravessando o crescimento do partido, Lula sempre foi maior – em imagem, popularidade e voto – do que o coletivo em seu entorno. Isso debaixo de saraivadas de preconceitos, acusações, ataques da mídia, estereótipos negativos e tendo que carregar a muitas vezes mal-vista militância apostolar e pregoeira de seus companheiros.

Cresceu em votos a ponto de quase vencer a eleição de 1989, de liderar a de 1994 até o advento do Plano Real e de vencer a de 2002. Agora, com tudo ruindo em volta, ostenta 40% de intenções de voto. É improvável que ele perca parte significativa desse capital se o reconhecermos como sólida expressão de sua trajetória de quase trinta anos. A menos que haja cometido erros que um outro jardineiro infiel venha a delatar. Não deve tê-lo feito com tantas lupas sobre sua vida em todas as horas do dia.

A segunda razão, a mais importante, é a vida real dos milhões de brasileiros. Em números absolutos, nossa situação econômica e social ainda é muito precária. Mas em termos relativos ao governo anterior, melhorou. Mais claramente: todos os números são melhores agora do que no período FHC.

A inflação média (pelo IPCA) no primeiro mandato de FHC foi de 9,7% ao ano e de 8,7% no segundo mandato. No mandato de Lula, contando com a projeção de 4,6% para 2006, vai ser de 6,8%. Tomando-se emprego, salário e massa salarial na indústria de transformação, tanto para São Paulo quanto para o Brasil (12 estados), temos o seguinte quadro entre 2002 e 2005: crescimento de 8% no emprego em SP e de 8,8% no emprego no Brasil; crescimento de 18% no salário em SP; e crescimento de 27% na massa salarial em SP e de 16% no Brasil. Se tomarmos a evolução do emprego formal no Brasil, em todos os setores, o crescimento entre 2000 e o início de 2006 é de 23%. Todos os dados aqui citados podem ser conferidos no IpeaData.

Pelos dados do Seade/Dieese para a Grande São Paulo, o desemprego total, que subira de cerca de 18% em 1998 para cerca de 20% em 2003, caiu, no final de 2005, para menos de 16%. O rendimento médio real dos assalariados, que caíra de um índice de cerca de 72 (sendo 1985 = 100) em 1998 para perto de 50 no início de 2003, subiu para 54 no início de 2006. O salário mínimo real, que iniciou o primeiro governo de FHC valendo R$ 174,00 e o segundo, R$ 229,00, valia, no mês passado, R$ 300,00 (em valor real) e vai a R$ 350,00 no próximo pagamento. A cesta básica, que subiu 82% entre o início do primeiro mandato e o final do segundo mandato de FHC, subiu menos de 10% no governo Lula.

O coeficiente de Gini caiu de 0,601 em 1995 para 0,572 em 2004. O percentual de pessoas abaixo da linha de pobreza caiu de 35% para 33% no mesmo período. O percentual da renda apropriado pelos 50% mais pobres subiu de 12% para 14%

e o apropriado pelo 1% mais rico caiu de 14% para 13% nos mesmos dez anos.

Pode-se argumentar que a melhora é pequena, que a situação ainda é muito ruim e que parte da melhora se deve também ao governo FHC. Tudo bem. É verdade. Mas na vida real é aqui e agora o que vale, e o raciocínio de que se pode manter essa trajetória com Lula ou pô-la em risco a partir de janeiro de 2007 estará na boca-de-urna de outubro. Como a economia deve crescer entre 4% e 5% este ano, com juros reais cadentes e crédito um pouco maior do que nos anos anteriores, os eleitores terão contabilidade ainda melhor em termos de emprego e salário quando forem votar.

Na macroeconomia os porta-vozes de Lula também terão números melhores nas contas externas, na dívida pública e nos resultados fiscais a exibir. Mas essa é uma conversa para especialistas, sujeita a todo tipo de contestação quanto a origens, naturezas e qualidades – e cursa a órbita de Plutão em relação à vida direta da maioria dos eleitores.

Contam a favor de Lula outras razões. Uma é a quase certa desistência do PMDB em apresentar candidato próprio, tendo em vista suas chances estaduais e a verticalização. A outra é que, se o PT aderiu ao receituário que o PSDB adotou nos seus oito anos de poder, o PSDB, por sua vez, abriu mão de qualquer discussão econômica. No plano real, não tem como contestar os resultados do governo Lula. No plano ideológico, nada diz. Prefere apresentar-se como a verdade pura, a máquina do mundo, majestosa. Mas os cidadãos, na maioria, de olho no emprego e no salário, seguem vagarosos, de mãos pensas.

Perspectivas econômicas e políticas

Gazeta Mercantil, 17 de outubro de 2006

O provável segundo mandato do presidente Lula tem tudo para ser melhor do que o primeiro. Isso não é garantia de que de fato será. Mas a observação das circunstâncias e possíveis escolhas indica que sim.

Na economia o governo Lula teve que se haver com a crise de credibilidade que cercou sua vitória e sua posse. Ao agravamento da inflação, da saída de capitais, da desvalorização cambial e do financiamento da dívida, o governo respondeu com receita ortodoxa: aumento do superávit primário e dos juros reais. Deu certo. Essas variáveis estão sob controle. Mas o feiticeiro acabou se encantando com o feitiço e nele se demorou mais tempo do que teria sido possível.

O resultado tem sido o baixo crescimento, a valorização cambial e o encarecimento da rolagem da dívida. De todo modo, os indicadores de emprego e renda, sobretudo nas classes mais baixas, são melhores do que os do período FHC, nossos resultados externos são recordes e a relação entre dívida e PIB é menor do que a do governo anterior.

O quadro internacional positivo explica uma boa parte dos bons frutos na economia interna. Mas três constatações são obrigatórias. A primeira é que o governo Lula exibe rigor e competência na condução da economia. A segunda é que tudo teria sido muito melhor se a dosagem e o *timing* na redução dos juros tivessem sido mais adequados. E a terceira é que por baixo dos indicadores positivos há sinais de alguns problemas importantes em setores como agroindústria, calçados, têxteis e outros que dependem de alguma forma do mercado externo.

Com a inflação reduzida a cerca de 3% ao ano e a manutenção provável do cenário externo, o governo, com a força da reeleição, terá toda a condição e interesse de acelerar a redução dos juros. Com isso, câmbio, crescimento econômico e rolagem da dívida adquirirão dinamismo capaz de minorar os problemas e ampliar os efeitos benéficos já registrados.

Isso dará a plataforma, em grande parte já disponível, para políticas mais afirmativas, como as Parcerias Público-Privadas, os investimentos tecnológicos e os financiamentos ao setor produtivo, sempre atentas à geração de emprego e à melhoria da renda.

Um componente que faltou ao atual mandato e poderia ser suscitado no segundo são as negociações intersetoriais em que atores públicos e privados se comprometem com variáveis como finanças públicas, investimento, emprego e renda. Há que se evitar nesses esforços tentações corporativistas. Para isso, é preciso que a representação extrapole as fronteiras setoriais e que a pauta abrace temas de natureza não econômica: saúde, educação, previdência, combate à pobreza, etc.

Quanto à dimensão social, a base criada é positiva. A inclusão de milhões de pessoas em aspectos mínimos da cidadania explica boa parte da popularidade de Lula. O salto qualitativo a ser feito passa pelo acesso delas a emprego e renda, o que requer crescimento econômico. Supondo o quadro acima, e admitindo-se os compromissos de Lula, não é de se duvidar que este será o objetivo.

Por fim, a política. O campo mais difícil do primeiro mandato. Oscilações de maiorias, denúncias, crises, CPIs e desgastes que só não corroeram o governo por conta dos ganhos reconhecidos nas dimensões econômica e social. A força eleitoral que Lula tem exibido deve lhe dar, reeleito, um capital que imantará apoios com os quais será possível definir maioria e pautas majoritárias.

Aprendidas as lições, dificilmente eclodirão crises equivalentes às que o governo viveu. O fato de Lula não mais ser candidato e não dispor de um candidato natural para apoiar também ajuda, presumindo-se que os pretendentes estejam interessados ao menos em não se confrontar com ele, ou até em vir a ser seu escolhido. Com isso, há um grande arco da esquerda ao centro que pode se aproximar e viabilizar um programa progressista e modernizador – sem ilusões, porém, quanto aos enormes atrasos e dificuldades de que o Brasil padece na economia e na sociedade.

Como contraponto, deve ganhar mais nitidez a direita, que, desde Collor, não se mostrava tão desinibida em exibir preconceito, autoritarismo e conservadorismo social como na campanha em curso. A ela restará aprofundar esse discurso e tentar causar estragos no bloco dominante. Aguardemos para ver com que ferramentas.

Governo não tem oposição econômica

Gazeta Mercantil, 31 de outubro de 2006

Em termos de programa econômico, atravessamos as eleições sem nenhuma divergência significativa entre os candidatos. E o principal saldo, nesse campo, é que inexiste hoje oposição à orientação dada à economia, nem no campo da esquerda nem no campo da direita.

Ausente no primeiro turno, a discussão ameaçou se instalar no segundo turno apenas quanto aos gastos públicos e quanto às privatizações. Mas logo foi tirada de cena. No primeiro caso, apesar de insistir na necessidade de cortes, o candidato do PSDB recuou e desautorizou estudos de seu partido que pregavam nesse sentido. Continuou a falar de cortes, mas se referindo a desperdícios.

No segundo caso, a polêmica foi convocada pela campanha petista, que soube colar intenções privatistas no adversário. Mas este passou toda a campanha tentando (sem sucesso) convencer a todos de que se tratava de polêmica inexistente. Ficou na pauta, de forma relevante, a discussão sobre a polêmica, e esta acabou não existindo de fato. Nos dois casos, são temas que poderiam ajudar a demarcar alguma fronteira entre propostas mais esquerdistas e mais direitistas se assumidas pelos candidatos. Afinal, abrigam a concepção de Estado e de seu papel na economia e na sociedade. Mas nenhum dos lados quis a contenda.

O presidente Lula avançou mais no sentido de defender a expansão de gastos sociais e de investimentos do setor público, e chegou a reviver antigos discursos antiprivatistas. Mas nem ele chegou a fazer disso uma prioridade constitutiva de seu programa, nem tampouco o candidato Alckmin se dispôs a repudiar-lhe tais idéias. Ao contrário, ambos disputaram um meio-campo em que discutiam legitimidade e competência para fazer o que ambos concordavam ser necessário, mas nunca ficaram na defesa ou se lançaram ao ataque quanto ao mérito dos temas. E pensar que são temas que até há pouco tempo conformaram as principais correntes de pensamento econômico no Brasil.

À esquerda, desde o regime militar, a distribuição de renda por meio de políticas públicas agressivas na economia e na área social foi o grande mote para a oposição, começando pelo MDB e avolumando-se com o PT. A crise do crescimento econômico e as mobilizações pela redemocratização puseram – no movimento sindical, na ação partidária e na intelectualidade – o tema no centro do palco. O agente dessa distribuição seria o Estado: investimentos diretos e indiretos, políticas sociais, reforma fiscal, assistência e previdência social e políticas de renda seriam o motor da economia.

À direita o tema era o suposto excesso de Estado. Sobretudo a partir do governo Geisel, o empresariado moderno e a intelectualidade liberal passaram a combater a teia que o governo estendeu na economia, engrossada pelo II PND – não por acaso objeto de elogios feitos por economistas de esquerda –, que tentava fazer a economia "fugir para a frente" com maior presença do Estado na cadeia industrial. Mas a defesa do mercado não andava ao lado de pregação distributivista, muito menos por intermédio do Estado. Ao contrário, o combate a direitos e políticas sociais, na Constituinte de 1987-88, praticamente definiu os bandidos e mocinhos daquela Assembléia.

O embate-síntese ocorreu nas eleições de 1989, entre Lula e Collor. O segundo, ao vencer, deu vitória aos que perderam parcialmente a batalha da Constituinte. O tema das privatizações, da redução do Estado e do controle de gastos (inclusive sociais) predomina desde então.

A pá de cal na divergência veio com a política de estabilização. Antes, em nome do crescimento, a esquerda sempre tolerara razoavelmente a inflação. O mesmo se dava à direita, em nome de subsídios, crédito e câmbio para as empresas. Mas a inflação fugiu ao controle. E a estabilização monetária, a gestão da dívida pública e os controles cambiais adotados há doze anos criaram um consenso ideológico em que a economia política foi para a segunda divisão.

Inflação baixa e superávit fiscal hoje são itens inquestionáveis. No máximo fala-se de gradações dos instrumentos. Com isso, o espectro para diminuir ou expandir gastos e investimentos públicos fica muito restrito. Também a questão da privatização, que antes era integrante do capítulo da política industrial – latifúndio em que a diferença ideológica acampava –, passou a parágrafo da política fiscal – minifúndio em que não há conflito.

Deve ser por isso que corrupção e reforma política são hoje tidos como os grandes temas de debate no Brasil.

A macroeconomia brasileira acabou

Gazeta Mercantil, 14 de novembro de 2006

Desde o final dos anos setenta não se discute outra coisa no Brasil que não as grandes variáveis macroeconômicas: inflação, juros, câmbio e setor externo (balança comercial e balanço de pagamentos), finanças públicas (dívida, resultados primário e nominal, políticas fiscal-tributária e monetária) e suas relações.

Setor produtivo e mercado de trabalho às vezes coadjuvavam, mas dependeram sempre de especialistas ou de porta-vozes dos próprios atores. Os macroeconomistas se dedicavam apenas aos modelos e teorias em que investimento, produção, emprego e renda são variáveis decorrentes. Questões sociais, então, nem se fala: meros figurantes, como multidões caladas, distantes, zefirellianas.

Claro que tudo isso tem motivação. A crise do crescimento econômico, no início dos anos oitenta, mostrou logo que era séria. Esgotara-se o modelo que sustentou a industrialização e a modernização desde os anos trinta. O colapso do setor público, o constrangimento externo, a inflação e as diferentes receitas de ajuste tomaram a cena. Proliferaram institutos de pesquisa, consultorias, boletins, cadernos especializados nos jornais, indicadores, polêmicas, colunistas, celebridades acadêmicas e televisivas – e a centralidade da macroeconomia fez dela um tema maior do que o país.

Talvez tenha sido o período em que, de fato, o tema tenha existido seriamente no Brasil. Nas décadas anteriores, a macroeconomia foi um tema ausente ou ancilar. Até os anos quarenta, o ensaio cultural ou pré-sociológico praticamente ignorava o universo econômico. Depois ele adentrou o pensamento, mas em abordagem histórica, estruturalista. Nos anos sessenta começou um maior detalhamento, por conta da crise e dos ajustes introduzidos na política econômica. Mas era, em geral, desde o pós-guerra, assunto de economia política, não de política pública. Só o governo e uns poucos ortodoxos se ocupavam da *policy*.

Nos anos setenta, a macroeconomia seguia como personagem de nossas potencialidades ou dificuldades, olhadas em grande angular. Só a crise é que a trouxe para o laboratório a céu aberto em que economistas, políticos, jornalistas e motoristas de táxi a puseram. Maxidesvalorização, indexação, dolarização, congelamento, déficit, superávit, hiperinflação, âncora e outros calões passaram ao vocabulário de todos. As vantagens disso são imensas. O envolvimento de boa parte da sociedade no acompanhamento de decisões importantes para todos, o desenvolvimento técnico e científico de uma importante área do conhecimento, e por aí.

Mas perdeu-se muito também. Pouco se pôde discutir acerca de políticas públicas de desenvolvimento, de financiamento à pesquisa e à ciência, crédito, relações de trabalho, transporte, educação, saúde, desenvolvimento regional, habitação e tudo o mais que figurou apenas como rubrica orçamentária sujeita a contingenciamento e virou tema extra-oficial, assunto de ONG.

Chegamos, há poucos anos, com tropeços, a um quadro em que a estabilidade monetária congelou as polêmicas sobre as demais grandes variáveis. Um tiquinho de juros aqui, um naco de câmbio acolá, um tranco no gasto, um breque no imposto, mas nada de formulações macroeconômicas. A conversa de que há desenvolvimentistas e monetaristas em posição de duelo desde o pôr-do-sol do governo Sarney é só conversa. E fiada. Duelam com espelhos.

Não é grande coisa o estado a que chegamos. A macroeconomia vitoriosa é essa que aí está, sem brilho. Mas, dado o quadro precedente a ela, talvez não se devam mesmo olhar-lhe os dentes. É o que temos. O mal de sua vitória é fechar as portas para o alerta de que seria possível outro conjunto ou outra combinação de variáveis. O bem é que nos obriga – porque dela não sairá mais coelho – a nos voltar às políticas públicas de desenvolvimento.

É hora da nova economia brasileira. Ou da economia brasileira aplicada. Os figurantes e coadjuvantes reclamam lugar no centro da cena. Transportes, tributos, saúde, saneamento, energia, infra-estrutura, logística, educação, saúde, irrigação, agricultura, estrutura agrária, habitação, urbanização, alimentação, meio ambiente, relações de trabalho. Tudo isso reclama atenção, incluindo a dos macroeconomistas, para que se avance em políticas públicas capazes de fazer a macroeconomia vir atrás delas, se ajustando ao figurino delas, às polêmicas delas, aos impasses e soluções delas nascidos.

A economia brasileira está apenas começando.

Políticas para o crescimento econômico

Gazeta Mercantil, 05 de dezembro de 2006

O presidente Lula criou um espantalho: o PIB tem que crescer 5% em 2007. Tenta afugentar as previsões de que o desempenho econômico repetirá a mediocridade de 2005 e 2006. Sua intenção é bem-vinda, mas, como os espantalhos, tem, de positivo, o papel de animar o cenário e, de negativo, a fragilidade de, por si só, não efetivar o que simula fazer – além de, descoberta sua fragilidade, ser destroçada pelas aves predadoras.

É uma aposta que embute riscos. Cria uma referência de sucesso que condicionará todos os passos do governo e análises da oposição. Se permite trombetear vitórias tão logo a linha divisória seja cruzada, possibilita também que, durante todo o percurso, a oposição cobre o resultado – o qual, se não for atingido, e ainda que se consiga a vitória de, por exemplo, crescer 4,5%, ficará inscrito como fracasso.

Mas existem, de fato, condições para a economia adquirir vigor em 2007. Estabilidade monetária, cenário externo sem sobressaltos, apoio político renovado com a reeleição e boa estrutura legal. Em termos de setores prioritários, destaco a habitação, a infra-estrutura e o agronegócio como portadores de grande demanda e de potencial de resposta.

A política habitacional deve se voltar à construção de moradias populares, hoje praticamente desconsiderada pelas políticas oficiais. Do déficit de quase sete milhões de moradias, a quase totalidade se concentra no segmento de baixa renda. A demanda é atendida por autoconstrução, com elevação da informalidade e queda da qualidade das habitações e da infra-estrutura urbana. Os sistemas de financiamento não atendem à população necessitada. O estímulo à construção civil nesse segmento pode gerar dinamismo na economia e no emprego formal, com efeitos positivos na previdência social, na qualidade de vida, na capitalização das construtoras e na segurança e liquidez do sistema.

Quanto à infra-estrutura e à logística, as carências são bastante conhecidas. Estradas, energia, ferrovias, portos, armazéns e tudo o mais que cerca a produção e a distribuição de bens e serviços estão em estado precário. Os investimentos requeridos são grandes e não podem ser feitos isoladamente pelo setor público (que não tem recursos) nem pelo setor privado (que não tem interesse ou segurança em fazê-lo). As Parcerias Público-Privadas são a modalidade mais indicada nesse terreno, e a legislação brasileira está adequada ao deslanche dos investimentos.

O agronegócio tem um quadro promissor pela frente. Trabalho elaborado pelo Ministério da Agricultura ("Projeções do Agronegócio: Mundial e Brasil", novembro de 2006), demonstra a tendência de maior demanda mundial e de crescimento das exportações de soja em grão, açúcar e carnes (aves). Também destacam-se o etanol da cana-de-açúcar e demais biocombustíveis.

Nos três casos, são necessárias políticas específicas. Elas podem e devem se antecipar a aguardados movimentos na macroeconomia. Mas não se pode ignorar que nos três é fundamental avançar na redução dos juros reais (com impactos no câmbio), na modernização do mercado de capitais e no fomento ao crédito.

Há ainda, relacionadas à mobilização de recursos, as questões tributária e previdenciária. A primeira deve perseguir a desoneração relativa de investimentos, exportações, empregos e salários e priorizar a taxação direta de rendas, ganhos financeiros e grandes propriedades, fortunas e heranças – sem pôr a perder a capacidade de financiamento do setor público, que tem papel a cumprir nas políticas acima descritas e na educação, na saúde e na seguridade social.

A segunda é complexa. A geração de emprego formal tem enorme poder arrecadatório. O combate à fraude e à elisão, também. Mas é inegável que as mudanças demográficas e no mercado de trabalho precisam ser enfrentadas com advento de solvência pelo sistema, conferindo-lhe sustentabilidade atuarial e equilíbrio no sistema de competência. Isso é mais importante do que o também importante, mas não factível no curto prazo, equilíbrio no sistema de caixa, o qual, se for buscado a qualquer custo, pode desmontar imprescindível rede de proteção social e de geração de demanda.

Perpassando tudo o que se disse, há mais do que espantalhos. Há as legítimas divergências de interesses de grupos, classes, partidos e analistas, a partir das quais devem ser construídas maiorias, viabilidades e aceitações. Isso é política; aliás, o melhor fertilizante. Pena que muitos economistas a vejam como ave predadora.

Câmbio, juros e expansão econômica

Gazeta Mercantil, 05 de dezembro de 2006

A sobrevalorização cambial, que tem aumentado a penetração de produtos estrangeiros e enfraquecido elos de cadeias industriais, se relaciona com a queda do dólar no mundo todo, mas aqui dentro essa queda é muito maior. Isso se deve aos juros reais elevados e aos saldos da balança comercial.

Parece um oxímoro falar de valorização cambial e saldo comercial. Ocorre que o Brasil tem obtido elevação nas suas vendas externas de *commodities*, cujo preço está alto. Essa entrada volumosa de recursos aumenta a oferta de dólares e reduz seu valor. Com os juros altos e a pouca procura por dólar – incapaz de competir com os ganhos da renda fixa –, dá-se a apreciação da moeda nacional. Mesmo o Banco Central atuando na compra, a cotação não reage. Aliás, estaria até menor sem essa demanda oficial.

Até aqui morreu o Neves. Explodem as polêmicas quando os economistas se põem a debater se devemos ou não mudar esse quadro. E mesmo entre os que acham que devemos, há polêmicas sobre como fazê-lo.

Os que acham que tudo está como deveria estar, e até reclamam que o Banco Central compre reservas, argumentam que a cotação cambial é resultado de movimentos normais de oferta e procura. Benzem-se quando hereges querem questionar esse dogma e lançam cruzadas e ladainhas se ouvem falar de controle de capitais. Pregam também que os juros reais – hoje na casa de 10%, os mais altos do mundo – cumprem a função divina que lhes cabe: atrair financiadores e nos proteger do mal inflacionário, que nos levará rapidamente ao inferno se tivermos juros um pouco menores. Isso porque, nas escrituras econométricas, está dito: se der trela (juros baixos e crédito fácil) para esse povo (eu e você), ele sai comprando demais (consumo, demanda), a produção, o emprego e a renda (PIB real) superam a capacidade produtiva (PIB potencial), que não responde a contento, e o mercado (os empresários) se ajusta pela elevação de preços (inflação).

Há os incréus, porém. Falam abertamente de redução de juros, desvalorização cambial e alguns, à boca pequena, de controle de capitais. Mas há diferenças entre eles mesmo no que toca aos dois primeiros pontos. A maioria entende que a redução drástica dos juros não só é necessária como perfeitamente possível. Necessária porque poderia depreciar um pouco o real, auxiliando as exportações, e incentivaria o investimento, a produção, o consumo, o emprego e a renda (aquela Sodoma que os dogmáticos temem). A entrada de dólares propiciada pelos resultados externos seria contrabalançada pela sua maior procura por importadores (afinal, o crescimento econômico eleva importações) e especuladores (decepcionados com juros reais cadentes). De todo modo, não têm muita fé numa grande desvalorização do real: não abjuram totalmente as leis de mercado e crêem que a tendência de valorização ainda permanecerá.

É perfeitamente possível porque hoje o Brasil paga de juros internos quase o dobro do que no exterior para compradores de títulos de nossas dívidas. Há espaço para reduzir o diferencial sem espantar capital estrangeiro. E também porque, ao contrário dos acólitos e oblatos de dois parágrafos acima, duvidam de inflação de demanda quando temos superávit fiscal (recursos que o setor público retira do setor privado) e superávit comercial (excedente de produção que acaba destinado ao exterior).

Mas há uma parte, ainda minoritária, que defende a redução dos juros – por todos os motivos acima descritos – e a desvalorização cambial. Mas não vêem relação entre os dois preços. Acreditam que os juros refletem expectativas de agentes quanto à inflação e aos riscos e que têm poder de influenciar mais diretamente os investimentos e os próprios preços e riscos, pouco afetando o câmbio. E abrem o fole de séries estatísticas para provar a fraca correlação.

Depois dedilham nos teclados e baixos a toada de que só o próprio crescimento vai desvalorizar o câmbio. Estribilho: cresce a produção, aumentam as importações, eleva-se a procura por dólar, desvaloriza-se o real, aumentam as exportações, incentiva-se o crescimento industrial, aumentam as importações e segue o baile.

Os economistas, entra ano e sai ano, nesta época, ficam discutindo essas coisas nos rádios, nos seminários, nos jornais e na televisão. Para quem quer e quem não quer ouvir. Os de vocação religiosa gostam mais do Natal, pela metafísica e pela tradição. Os apóstatas e sanfoneiros preferem o *réveillon*, laico e futuroso. No ano que vem – pode apostar – ouviremos tudo isso outra vez.

O ano velho da economia brasileira

Gazeta Mercantil, 02 de janeiro de 2007

A herança deixada por 2006 é positiva. Inflação baixa, desemprego em queda, confiança dos consumidores em alta, apoio popular recorde ao presidente e resoluções (é praxe nestas datas) de incremento da atividade econômica. Mas a lista de problemas legados pelo velho ano é extensa e complexa.

A começar pelo baixo crescimento econômico. A trava dos juros altos e do câmbio valorizado tem causado impactos negativos nos investimentos e no dinamismo das cadeias produtivas. Por mais que se repita que há espaço para manejar melhor essas duas variáveis, o Banco Central mantém sua enorme dose de antibiótico na veia do paciente, prostrado em leito esplêndido. E exibe (eureca!) a febre baixa como vitória – como se ninguém soubesse que juro alto reprime inflação. O segredo – como nos antibióticos – é saber a dosagem que evita a febre mas retira o paciente da cama. É o que se espera de gestores públicos e médicos.

Há também as contas públicas. O superávit primário (cerca de 4,5% do PIB) ajuda a conter a expansão da dívida pública em relação ao PIB. Mas vamos aos "poréns". Primeiro, a rolagem da dívida se faz com carga de juros que consome quase o dobro dessa economia, e isso só não elevaria a dívida se o crescimento do PIB fosse maior do que tal diferença. Em miúdos: se os juros devoram 8% do PIB, são 3,5 pontos percentuais acima da economia de 4,5% (superávit primário). Se o PIB crescer 3,5%, a dívida terá variação nula. Se crescer menos, a dívida aumentará. Se crescer mais, a dívida cairá. Parece espantoso, não? Pois é: crescimento econômico e juros baixos têm enorme poder de diminuir a dívida em relação ao PIB.

Segundo "porém": o superávit primário tem sido todo construído com o alpinismo tributário. São 37% do PIB de arrecadação. Recursos garimpados de aluvião junto à sociedade. Na ponta dos gastos, há esforço e compromisso do Ministério do Planejamento de melhorar a qualidade, contendo expansões exorbitantes, mas tendo que manter a atenção a investimentos, gastos sociais e recomposições de eficiência na administração pública.

Terceiro "porém": a dívida pública brasileira é das mais baixas em relação ao PIB entre economias equivalentes. O problema é seu perfil. Juros altos e pós-fixados e prazo curto (metade dela é de cerca de 12 meses). Países que têm dívidas muito maiores em relação ao PIB – e até maiores do que o próprio PIB – as financiam saudavelmente, a juros baixos e em longos prazos. E assim funcionam, como, aliás, é típico de governos. Se no setor privado é a dívida boa que move o negócio, esse é o próprio cerne do funcionamento do setor público como agente econômico.

O "porém" maior é que os itens anteriores funcionam como enorme drenagem concentradora de renda. Os recursos arrecadados o são proporcionalmente mais dos assalariados e consumidores em geral, tributados na fonte e nos preços dos produtos. E de forma regressiva, no caso do imposto indireto. Paga proporcionalmente mais quem ganha menos.

Também é mais tributada a relação formal (de emprego, de venda, de contrato) do que as suas variações nem sempre estritamente legais e produtivas. E recebem boa parte desses recursos (por volta de 8% do PIB, aquele percentual de juros citado lá em cima), quando compram os títulos da dívida pública, as poucas dezenas de grandes financiadores do governo, patrícios ou estrangeiros. Põem no bolso, com pouco ou nenhum trabalho, o que trabalhadores e setor produtivo formal geram com dedicação de Sísifo.

É uma drenagem que gera riqueza sem aumento da produção. Cumpre a função que a inflação desempenhou entre o final dos anos setenta e o Plano Real: encher as pipas, despensas e arcas dos endinheirados. E que, tal como a alimentação, engorda e enriquece os seus vorazes beneficiários não entre o Natal e o Ano Novo, mas entre o Ano Novo e o Natal. Todos os anos. Há muitos e muitos anos.

Parece ladainha ou rabugice ficar importunando com problemas e reclamações nesta época de festa e de renovação de esperanças. Mas não é. O que se quer é exatamente renovar, mudar a qualidade desse debate, escrever outra melodia e outra letra. Do cantochão acima, se podem extrair muitas pautas para ações econômicas e políticas capazes de, do ponto de vista da maioria da população, dar adeus aos anos velhos e construir felizes anos novos.

Com muito dinheiro no bolso – de todos – e muita saúde para dar. Não para vender.

O PAC, a heresia possível e bem-vinda

Gazeta Mercantil, 30 de janeiro de 2007

Toda vez que alguma experiência econômica heterodoxa dá resultados, aparecem economistas que desdenham: "quero ver é dar certo na teoria!". As críticas ao Plano de Aceleração do Crescimento (PAC) têm um pouco dessa indignação com a heresia econômica. A verdade dos manuais recomendava outras medidas, mais ou menos como as que vêm sendo seguidas há alguns anos. Se na prática não dessem certo (basta olhar em volta para ver que não dariam), não importaria para esses teóricos – no seu mundo ideal (herança econométrica do platonismo) tudo estaria perfeitamente em ordem.

As escrituras ortodoxas prescrevem manutenção dos juros reais elevados para atrair capital disposto a comprar títulos da dívida pública. Também receitam gerar superávit primário bem alto – para poder pagar os juros àquele capital abnegado. Todo o resto se ajustaria. Com a confiança no país consolidada, e garantidas amplas ou totais liberdades e seguranças aos capitais, é como se o vento das virtudes econômicas pusesse de pé, em forma de castelo, um monte de cartas que estavam espalhadas no chão.

A confiança reduziria os juros e incentivaria o investimento privado, que geraria crescimento. A poupança do setor público geraria investimento. O crescimento elevaria as importações (com isso o câmbio teria impulso para se equilibrar frente à pressão de baixa dada pela entrada de capitais). O mercado de trabalho – desde que não venham com essa conversa de direitos trabalhistas! – se dinamizaria.

Com essa sofisticada formulação, muitos economistas ganham a vida. É justo. Primeiro porque cada um deve defender suas convicções. Segundo, porque há vários elos da formulação que estão corretos. O problema – também tenho direito às minhas convicções – é atá-los com sofismas.

Um exemplo: como acreditar que seguir pagando juros reais de 10% ao ano consolida confiança no financiamento da dívida pública? O fato de o risco-Brasil estar baixo não quer dizer muita coisa: o que o investidor ganha nos juros atuais é muito mais do que um prêmio de risco maior que se pusesse acima de outro patamar de juros, mais baixo. Acreditar que o financiamento da dívida a 10% de juros reais dá segurança de médio prazo é até legítimo. Mas não é sensato.

Outro exemplo: que superávit primário é necessário gerar para pagar juros reais de 10% ao ano e ainda sobrar poupança para o setor público investir? E de que forma? Cortando mais gastos sociais e investimentos? Ou cortando subsídios, isenções tributárias e fomentos espúrios? De que ganhadores e perdedores estamos falando? Porque, quando se fala de finanças públicas (orçamento, receitas, despesas), o que está em jogo é de quem se extraem e para quem se destinam recursos por meio de política fiscal e política monetária.

Mais um exemplo: o câmbio valorizado (pela entrada de capitais) tem incentivado importações que esgarçam cadeias produtivas e comprometem uma retomada mais adiante. Não se sabe ainda se e como os modelos econométricos clássicos incorporaram a China nas suas variáveis. Mas haveria de neles ter algum peso uma potência que importa bilhões de *commodities* e exporta manufaturas com preços baixos nunca dantes praticados. O estrago que isso faz, para vários países, numa suposição de equilíbrio comercial externo, assim como o estrago que os juros reais exercem no suposto equilíbrio do fluxo de capitais, deveria ser assimilado pelos modelos.

Bom, mas e o PAC? O PAC é a heresia possível – e bem-vinda – frente às amarras que a teoria e as circunstâncias econômicas duras nos legaram nestes anos todos. É a tentativa de sair nadando contra a corrente. Investir para gerar poupança. Não adotar a carnificina total nos gastos sociais. Escolher setores para dinamizar investimentos e cadeias produtivas. Tentar sanar parte do atraso na infra-estrutura e em alguns setores de ponta. Atiçar o mercado de capitais para o advento de instrumentos de captação e alocação de investimentos. Incitar as empresas para que se abram a capitais de fora, a governanças profissionalizadas e à transparência. Ou seja, não esperar a macroeconomia sair da sala, onde reina deitada como uma vaca moribunda. É ir reformando a sala e tocando a vida para a frente.

E vai dar certo? Não sei. Não é uma vaquinha qualquer. E mantê-la respirando cerceia outras iniciativas. Mas será melhor, muito melhor, do que seguir adorando um animal que, enquanto morre, nos mata a todos para manter viva somente a teoria.

Previsão para a economia brasileira em 2008

Gazeta Mercantil, 11 de dezembro de 2007

O final de ano aquece o mercado de videntes, astrólogos, Papais Noéis e economistas. Ao contrário dos falsos bons velhinhos, que têm que escutar nossos relatos e promessas de bom comportamento, os outros se dedicam a nos avisar dos acontecimentos do ano seguinte.

A rigor, videntes e astrólogos têm mais base para suas previsões porque dispõem de rígidos manuais de leituras dos sinais com que trabalham – não importa se eu e você acreditamos. Economistas, não. Tudo bem que não se valem de borras de café, runas e eclipses, mas seus manuais ajudam muito pouco na leitura dos sinais da economia. A começar que há uma variedade imensa de manuais, alguns divergindo frontalmente de outros. Passando pelas muitas escolhas possíveis de quais são os sinais mais relevantes a serem arrolados e analisados como base das projeções. Para agravar, usos diferentes dos mesmos manuais para ler os mesmos sinais levam, é óbvio, a conclusões diferentes.

Cada economista uma sentença, quase se pode dizer. Há estimativas para todos os gostos acerca de crescimento da economia, inflação, juros, emprego, renda, contas públicas e resultado externo. Hoje, com a estabilidade monetária, até que as diferenças em pontos percentuais são pequenas entre um vaticínio e outro – mas em termos percentuais são grandes (a divergência entre 4,5% e 5,0%, por exemplo, é de 0,5 ponto percentual, mas de 11%, fora a dízima). Na época da inflação alta, as predições oscilavam num espectro muito mais amplo, tanto em pontos quanto em percentuais. Em alguns casos, divergia-se sobre se haveria crescimento vigoroso ou recessão funda, déficit ou superávit, hiperinflação ou congelamento.

O fato é que a vida do economista de fim de ano é bem fácil, agora como antes. No passado porque a margem de erro aceitável era imensa. Hoje, porque ninguém liga para uns decimais de diferença. De mais a mais, ninguém vai cobrá-lo no ano seguinte sobre seu desempenho nas projeções. Nem aos videntes e astrólogos. Não há um Papai Noel desses profissionais, que os ponha sentados na sua perna para ver se eles merecem ou não as balas e presentes que pediram.

Nada. O que há é a renovação da crença de seu público, que segue acreditando e pagando para ouvir suas pitonisas. Algumas se especializam em dourar ou rosear o porvir, desde que se adote o receituário que só elas sabem aplicar, a preços nórdicos. Outras, em ameaçar com o cataclismo, que pode ser evitado também com sua douta consultoria.

Mas vem cá: e 2008 – que é o que interessa –, como será? Deverá ser bom, se mantivermos o critério com que temos encarado performances não mais do que passáveis. Se encararmos a repetição – nem cor-de-rosa nem catástrofe – de índices de 2007 como uma vitória. E não deixa de ser. Estávamos muito pior ainda há pouco.

Só que poderíamos estar muito melhor. No campo do desenvolvimento, só agora, com a nova gestão, se vê ação intensiva e criteriosa no BNDES. São muitos anos de omissão que precisam ser recuperados. Há uma imensa pauta de temas tecnológicos e produtivos que precisam ser atualizados para que o enfrentamento do atraso saia do modo subjuntivo.

No setor externo, com grandes rebatimentos diretos e indiretos no nível de atividade e no mercado de trabalho internos, o campo é propício às cassandras. A valorização do real dispensa análises de inclinações para vermos que no fim do arco-íris não há um pote de ouro. Os resultados comercial e de serviços (transações correntes) são cadentes. Larga parte da produção interna rui ou vira maquiladora ou mera revendedora. Recursos e turistas vão em levas crescentes para o exterior.

E há os juros. Os famigerados 8% em termos reais – que explicam muito dos entraves nos temas acima – parecem ser o limiar do sono dos aplicadores, especuladores e arbitradores. Abaixo disso, eles não dormem. Quando parece que se vai romper o portal, a insônia principia. Abundam então, encomendados aos economistas, os relatórios, estudos, projeções, notícias, promessas e ameaças. É o que basta: o Copom dá a bala e o presente que o mercado sempre pede.

Pronto. Com a Selic congelada, a ceia do mercado é farta e a noite, feliz. Assim também será o Ano Novo.

Capítulo 3

Capitalismo moderno e anacronismos

Dava-se o nome de "vifgage" (penhor vivo) àquela [dívida] em que os rendimentos dos bens empenhados se deduziam do capital emprestado, e de "mort-gage" (penhor morto) àquela cujos frutos recolhia o credor, sem prejuízo do reembolso inteiro do capital.

PIRENNE, Henri. *História econômica e social da Idade Média*. 6ª edição. São Paulo: Mestre Jou, 1982. p.122.

O futuro dos negócios é o mercado de capitais

Estado de Minas, 09 de setembro de 2006

Empresários e investidores têm de estar sempre com um olho no curto prazo e outro no longo. Às vezes, como ocorre com o peixe e o gato, na distração do dono, o segundo devora o primeiro. Ou seja, além de ter que driblar as circunstâncias da conjuntura, que no Brasil têm sido sempre muito difíceis, têm de fazê-lo de forma a assegurar a trajetória sustentada das empresas e dos negócios. Do contrário, escapam do juro alto, do câmbio valorizado, da falta de crédito e do mercado retraído, mas, antes de dizer "ufa!", o quadro muda e os atropela.

Os juros vêm baixando, mas ainda são muito altos em termos reais. Cerca de 10% ao ano, o que é muito superior ao retorno esperado de qualquer investimento legal – exceto bingos. Isso desestimula a produção, as vendas e o emprego, concentra riqueza financeira nos grandes aplicadores, sobrevaloriza o câmbio e amarra o governo na armadilha da dívida pública.

É um quadro bem conhecido. Mas não é demais repisá-lo porque na vida real isso compromete a vida de pessoas físicas e jurídicas e dita a sorte e a miséria não só dos atores microeconômicos, mas da própria economia brasileira. Não são despropositados os percentuais anoréxicos de crescimento que exibimos nas passarelas estatísticas.

Para empresários e investidores, as táticas de sobrevivência e de crescimento passam por aumento de produtividade – que às vezes é, lamentavelmente, só uma paráfrase para demissões –, inovação tecnológica, aperfeiçoamento da gestão interna e atração de parcerias nos elos verticais (fornecedores e clientes) e horizontais (bancos e produtores complementares).

Porém, mesmo nos casos em que isso é possível e produz sucesso, não está garantido que no longo prazo o negócio terá sustentação. Por dois motivos. Primeiro, porque os danos que a macroeconomia mantém cronicamente minando o presente se estendem em efeitos prolongados e comprometem as perspectivas. Segundo, porque sempre há mudanças em curso, e há que ter olhos para vê-las se não se quer ser surpreendido.

As mudanças – todos sabem, mas repita-se – são cada vez mais rápidas e de alcance mais amplo. De modo geral, para os negócios elas representam o aparecimento de um número maior de concorrentes nacionais e, sobretudo, internacionais que dominam técnicas produtivas cada vez melhores, com elevada produtividade e com – eis aqui o ponto central – fontes de financiamento, arranjos de governança e instrumentos de gestão que configuram o que será a feição dos negócios vencedores no futuro próximo.

Falo de mercado de capitais. Nele, investidores se cotizam para impulsionar negócios e empresas compartilhando riscos e assegurando controle e transparência sobre seus recursos. Por meio dele, é possível estimar riscos e prêmios para entrar e sair dos negócios. E por meio dele, acabarão de vez as já tardias empresas familiares (que ainda existem de forma expressiva em setores importantes) e as sociedades jurídicas tradicionais hoje predominantes.

Fundos de investimento nas suas variadas formas, sociedades de propósito específico, fundos de pensão fechados e abertos, gestores profissionais, seguros, custódias, ações, debêntures e fluxos de renda tomarão o lugar dos empresários e executivos oniscientes e auto-suficientes e da concentração de patrimônio e de lucros como sinônimo de riqueza. Esta se catalogará cada vez mais como múltiplos circuitos de renda e menos como escrituras e fortunas pessoais. Em lugar de poucos donos de empresa e de ativos imobilizados, teremos muitos papéis e muitos cotistas investidores, que terão como seus agentes os membros de conselhos de administração, os profissionais de finanças, os especialistas em organização da produção e em gestão. E como olheiros – no peixe e no gato –, os seus auditores, consultores, procuradores e administradores.

Claro, desde que todos sobrevivam à conjuntura.

Modernização mineira

Estado de Minas, 02 de outubro de 2006

Minas Gerais tem uma economia moderna em vários setores, abriga indústrias de grande escala e de complexidade tecnológica, intensa extração e transformação mineral, forte setor financeiro, amplitude exportadora, centros urbanos crescentes, agroindústria avançada, potencial para atuar nas áreas de ponta de bioenergia, comunicações sofisticadas e universidades e cientistas de fronteira.

Infelizmente, esse processo – como em todo o Brasil – convive e mantém mútua alimentação com áreas e segmentos de grande pobreza e miséria. Ao norte do estado, nas periferias das grandes cidades, nos campos – muito ainda se assemelha mais ao Brasil rural e pré-industrial do início do século XX.

Mas há um outro ponto. O estereótipo de Minas Gerais, cultivado de fora e cultuado por dentro, é do matreirismo, da politicagem, do regionalismo cultural na literatura e na música, do bicho-grilismo intelectual, das pequenas lojinhas ("vendas"), das fabriquetas de doces e artesanatos, de enormes fazendas de silêncio contemplativo e vazio improdutivo, das cidadezinhas tortas, ermas, à espera do trem de Sorôco.

Tudo isso existe. Mas é de se perguntar por que tal quadro predomina no imaginário, tendo à nossa frente um estado vertiginosamente diferente.

Uma primeira hipótese, no campo do ideário, é que as elites mineiras tenderam sempre mais à conservação do que à mudança. O período histórico mais rico – o da mineração – criou burburinho urbano, exploração econômica e autoritarismo político que fizeram saltar saudades campestres nos intelectuais da região. A suplantação da mineração pelo café e pela indústria paulista também criou identificação entre passado e bonança. E o alijamento do estado do comando político nacional e da elite econômica do país ao longo do século XX acabou criando força endógena na ideologia local.

Outra hipótese é que a produção mineira é mais para o exterior do que para o Brasil. Apesar de o nariz do mapa mostrar que os olhos são para oeste (costas para o mar e frente para o Brasil), é para os portos do leste que se voltam as energias produtoras. Assim, o estado moderno vive no estrangeiro, que priva de sua intimidade econômica, enquanto o estado caipira é para consumo interno, que com ele só se relaciona no plano cultural.

A terceira hipótese é que tudo isso seja papo furado. Estereótipos existem à força da comodidade para o raciocínio de todos, que gostam de tipologias alheias para facilitar a própria identificação. Eles mudam com muito vagar e sempre carregam anacronicamente no presente e no futuro o que era verdade predominante no passado.

Mas o que interessa é que Minas Gerais já está com um pé na face mais moderna da economia, da política e da sociedade brasileiras – e mesmo mundiais. Outro pé ainda está fincado nas deficiências estruturais da modernização desigual e perversa do Brasil. Porém, o potencial para saltar com os dois pés para o futuro é real.

Avançar na modernização institucional, econômica, tecnológica, social e política deve ser prioridade na gestão pública e privada em Minas Gerais. Empresários, intelectuais, trabalhadores, políticos e profissionais liberais podem e devem preservar seu afago cultural aos estereótipos e às tradições – até porque elas são saborosas. Mas não devem se recusar a continuar deixando cada vez mais nítida a face moderna (e isso não apaga, antes acentua, desigualdades e conflitos legítimos de interesses – mas isso é positivo, democrático e modernizador) de Minas Gerais.

Quem não quiser, que fique esperando o trem de Sorôco.

Agronegócio e PPPs

IstoÉ Dinheiro Rural, dezembro de 2006

Em excelente trabalho elaborado pela Assessoria de Gestão Estratégica do Ministério da Agricultura, Pecuária e Abastecimento ("Projeções do Agronegócio: Mundial e Brasil", novembro de 2006), encontram-se analisadas as oportunidades de crescimento e as incertezas que cercam o agronegócio no Brasil para o próximo decênio.

Quanto às chamadas grandes tendências, projetam-se aumento da população mundial e da sua urbanização e crescimento econômico mundial de mais de 3% ao ano, em média. Os destaques seguirão sendo a China (6%) e a Índia (5,8%). Acredita-se também que haverá diminuição das barreiras tarifárias e não-tarifárias em produtos como açúcar e carne (importantes na nossa pauta de exportações). Está explícito o potencial de aumento de demanda mundial para produtos do agronegócio brasileiro.

A soja em grão, por exemplo, deverá ter sua produção mundial elevada em quase 27% ao longo do período, com manutenção relativa de preços e aumento da participação do Brasil dos atuais 22% para 27%. No montante exportado, o Brasil será o maior exportador mundial (37%). Assim também no açúcar, em que manteremos a liderança em produtividade e em exportação (56%). Com relação às carnes – setor de maior crescimento em produção e consumo no agronegócio, com destaque para as aves –, o crescimento das exportações virá do desempenho do Brasil, da Tailândia e da China.

No que toca à capacidade de produção, o Brasil mostra condições de aumentar em 55% seu excedente exportável de soja em dez anos (chegando a 32 milhões de toneladas/ano), em 60% a produção de açúcar (45 milhões de toneladas/ano), e em cerca de 8% ao ano (na média) as exportações de carnes.

Atenção à parte é dedicada ao etanol extraído da cana-de-açúcar, cujo dinamismo como biocombustível crescerá ainda mais no decênio, levando a produção interna a pelo menos dobrar em relação a 2005, chegando a 37 bilhões de litros anuais. O consumo mundial deverá crescer também, expandindo um mercado em que os investimentos tecnológicos (nanotecnologia, genética e materiais) definirão nossa fatia do mercado global.

Essa, portanto, é uma das principais incertezas a considerar: nossa disposição de investir em pesquisa e aplicação de novas tecnologias, não só quanto ao etanol, mas também quanto às condições sanitárias de produção e comercialização dos produtos do agronegócio.

Mas há outras. Uma, que o documento não menciona, é nossa capacidade de financiar e garantir competitividade aos nossos produtos. As políticas de juros, crédito e câmbio são decisivas, não só para o agronegócio como para toda a economia brasileira. A outra, também decisiva para toda a economia, mas dramática para o agronegócio, cuja dinâmica está correlacionada às exportações, é nossa infra-estrutura de transporte e exportação e nossa logística de armazenamento e comercialização.

É aqui que entram as Parcerias Público-Privadas, que já dispõem de legislação e regulamentação adequadas e reclamam aceleração nos projetos voltados a suprir nossos gargalos estruturais. Como se trata de projetos essenciais para a economia e a sociedade, mas com amplas necessidades de aporte de recursos, com retorno demorado e às vezes inviável para que o setor privado os assuma isoladamente, a participação do setor público é fundamental para efetivá-los. Assim como em outros países – Chile e Portugal são os que apresentam mais analogias com o Brasil.

Estradas, ferrovias, portos, armazéns, e também a área de energia, requerem que o Brasil supere sua defasagem em relação ao passado e ao presente. Temos comprometido muito da nossa capacidade de produzir e de exportar por conta desse atraso. O setor de agronegócio tem sido, talvez, o mais atingido. Mas não podemos desperdiçar a chance que o panorama mundial do agronegócio nos oferece daqui por diante.

Capitalismo, juros e mercado de capitais

Gazeta Mercantil, 16 de janeiro de 2007

Empresas, empresários, investidores, fundos e especuladores vivem se perguntando sobre a melhor forma de proteger e multiplicar seu dinheiro. Assalariados também, mas o salário acaba antes de eles terminarem a pergunta. Em condições capitalistas normais, o caminho é empreender. Ou seja: direta ou indiretamente, participar da produção de bens e serviços capazes de gerar lucro, reinvestimento e ganho. Isso acaba gerando também emprego, inovação, renda, consumo, mais produção, impostos e várias externalidades.

Mas nem é preciso que os empreendedores estejam preocupados com itens que não sejam lucros e ganhos. É comum que não estejam. Mas os empreendimentos têm esse pendor para dinamizar a economia. Sejam fábricas, serviços, comércio, finanças ou cultura, em se empreendendo quase tudo dá.

Claro, na presença de algumas condições. Demanda para o que se vai produzir e ofertar; capital; mão-de-obra; sistema de distribuição e venda; insumos; e ambiente macroeconômico. Neste, supondo estabilidade monetária, os itens fundamentais são impostos e juros. O câmbio é importante, mas muito mais para os setores que exportam ou importam insumos ou sofrem concorrência externa.

Impostos entram na composição dos preços e podem conformar tamanhos de mercado e viabilidades de produtos. Podem influenciar na decisão sobre o que produzir. Mas não sobre a decisão de investir. Esta vem fundamentalmente dos juros (que também entram na composição dos preços).

Se as condições capitalistas não são normais (imaginemos, por ficção didática, um país que pague, por muitos anos, 10% de juro real para quem tem dinheiro), é possível proteger e multiplicar dinheiro sem empreender. Daí que o comportamento de quem está atrás mais de lucros e ganhos do que de externalidades econômicas e sociais seja o de defender a manutenção das condições anormais. Podem fazê-lo por *lobbies*, apostas no mercado financeiro, difusão de expectativas, cooptação de instituições e, não raro, por ameaças de sair do jogo e pôr o sistema em colapso.

Haverá quem lembre que, além da macroeconomia, as instituições (contratos, regras, poderes) são decisivas para os investimentos e o crescimento econômico. São de fato importantes. Mas é preciso retrucar com duas coisas. A primeira é que não está provada sua preponderância sobre fatores como custo de oportunidade, expectativa de retorno e presença de mercado consumidor (emprego e renda). A segunda é que, historicamente, períodos de grande crescimento coincidem com fases em que as instituições são precárias e se constroem junto com o próprio crescimento. E que instituições sólidas em geral se verificam em países já desenvolvidos e – claro – de crescimento menor.

Tudo isso para dizer o seguinte. O Brasil tem tudo para praticar, em curto prazo, taxas normais (ou pelo menos muito abaixo dos atuais 10% reais) de juros. (A pressão de rentistas e de fundamentalistas é que tem tido o condão de manter a tecnocracia na escolástica atual.). E a pergunta sobre como manter e multiplicar o dinheiro passará a exigir novas respostas.

Na verdade, já exige. Porque o custo de oportunidade de muitos investidores (fundos de pensão, por exemplo) se dá na análise de prazos longos. É preciso saber sobre o retorno esperado do dinheiro se ele permanecer muito tempo na renda fixa (aplicação financeira – você sabe o que é) ou na renda variável (produção, emprego, consumo – lembra?). Como grandes investimentos não são manejáveis rapidamente, é preciso desde já começar a mover os recursos. E em negócios vale a regra de que quem chega primeiro pega as melhores oportunidades.

Há uma gama de oportunidades e necessidades de investimentos no capitalismo no Brasil. Infra-estrutura, logística, tecnologia, produtos de consumo popular, construção habitacional, biocombustível, fármacos, cultura, esporte, *softwares* – enfim, atividades antigas e modernas que podem gerar saltos duradouros no nosso dinamismo econômico. A modelagem desses investimentos passa e passará pelo mercado de capitais, capaz de oferecer compartilhamento de riscos, previsibilidade, regras de entrada e saída e governança para os investidores, além de permitir a participação de grandes e pequenos na mobilização de recursos e na captação de retornos. É a porta que poderá nos levar ao capitalismo mais moderno.

Sejamos capitalistas.

Investimentos e negócios no Brasil

Gazeta Mercantil, 13 de fevereiro de 2007

De longe a economia brasileira assusta. Mas de perto, como todo mundo, é normal. Olhadas largas, no tempo e no espaço, desaconselham o Brasil como destino de investimentos. Mas a análise detida mostra que o quadro é promissor. O problema é que as primeiras análises podem influenciar negativamente as segundas. A vantagem é que vice-versa.

Estruturalmente, os fatores temporais de pessimismo são: o longo período de estagnação e de baixos investimentos; os problemas de solvência de compromissos nos anos oitenta; descontinuidades institucionais; e demora para implantação de medidas que os investidores em geral avaliam como inescapáveis.

Espacialmente, os problemas estruturais são: a pouca importância financeira e comercial do Brasil no mundo; a alta atratividade da China, da Índia, da Rússia e de mercados maduros; e os gargalos de infra-estrutura, de mercado de capitais e de mercado consumidor interno (não pelo tamanho deste, que é grande, mas pela renda, que é humilhante).

Nessa lente, o Brasil perdeu o passo. É menos um "Bric" que um bricabraque. Não chega a ser uma Argentina, que, a alguns analistas, não tem mais chance histórica. Ironicamente, se esta visão estiver certa, a Argentina terá encontrado seu lócus, dado que sua obsessão sempre foi o passado. No caso do Brasil – cuja obsessão sempre foi o futuro –, o deslocamento quanto ao lócus não seria definitivo, mas a sensação de que não conseguiu acompanhar a maratona dos demais países desanima muitos investidores.

A torcida, porém, é grande, embora paradoxal, dado que a análise não justifica a aposta. Lembra um time de futebol de Tocantins, cidade da Zona da Mata mineira. Formado por ex-jogadores e diletantes, o Ébrio Futebol Clube é sempre recebido por sua fiel e confiante torcida com o seu hino cantado forte, acompanhado por taróis e cornetas: "Tornei-me um ébrio, na bebida busco esquecer (...)", a letra inteira, sem falhas. A animação obviamente não combina com a letra, que é a história de um grande fracasso. Mas o Ébrio não faz feio nos campos e acumula algumas glórias.

Saindo do plano estrutural para o conjuntural, o Brasil oferece motivos para otimismo no mundo dos negócios. Os principais bancos de investimentos e analistas atentos do mundo todo conhecem o potencial brasileiro. Transportes (aéreo, rodoviário, ferroviário e o nunca citado hidroviário), logística (armazéns, vagões, portos), energia (elétrica, etanol, petróleo), saneamento e irrigação, bens de consumo duráveis e não-duráveis, setor financeiro e construção habitacional estão nas principais listas de segmentos rentáveis e em expansão.

Muitos até já aportam uns trocados em alguns desses segmentos. Mas ninguém faz movimentos decididos. Primeiro, porque a visão estrutural acaba influenciando as decisões. Segundo, porque as decisões são tomadas por operadores que não olham nem sequer um nariz à frente de seu palmo. E terceiro, porque a grande oportunidade que hoje o Brasil oferece é o ganho de arbitragem nos juros e no câmbio. Isso obstrui investimentos produtivos.

Ocorre que as mudanças macroeconômicas no Brasil têm sido positivas. Estabilidade monetária, superávits primários, superávits comerciais, aperfeiçoamento institucional e controle na relação entre dívida pública e PIB produzem maior confiança. Não é sem motivo que o risco-Brasil cai.

A tendência dos juros reais é seguir declinando. A sinalização do governo e de alguns importantes atores internos é de aumentar investimentos. O desdobramento pode ser um ciclo auspicioso: estabilidade e crescimento. Como em médio prazo, nesse ritmo, o Brasil deve ser elevado a "*investment grade*", o afluxo de capital produtivo deve ser intensificado, o que abre cenários hoje pouco visíveis nas análises estruturais.

Mas são cenários cujos conteúdos não são previsíveis em pelo menos duas dimensões. A primeira é se daremos um salto massivo na educação, na ciência, na inovação e no valor agregado de nossa produção ou se seguiremos produzindo e exportando *commodities*. A segunda é se superaremos a miséria e a desigualdade de renda e de direitos que escravizam a maioria dos brasileiros e permite aos investidores, internacionalizados e espalhados no globo, jogar War usando capital em vez de armas.

Eu torço muito para que sim, nos dois casos. Com tarol e corneta.

A turbulência
e os senhores de engenho

Gazeta Mercantil, 13 de março de 2007

Uma semana de depressão e temores. Outra, de euforia e confiança. A última quinzena pôs em tela a bipolaridade das análises sobre a economia brasileira. Primeiro, a preocupação com as oscilações na Bolsa de Valores. Depois, o ufanismo com o etanol e a visita do presidente dos EUA.

Mas nem a primeira semana tinha motivos para o derrotismo sábio ("eu avisei, eu avisei") nem a segunda tinha fundamentos para o otimismo ingênuo ("agora vai"). Nos dois casos, porém, há processos em curso importantes para as dificuldades e possibilidades do Brasil no próximo período.

A turbulência financeira alarmou os que temiam uma fuga de ativos do Brasil, dada por três fatores: a economia brasileira não é sólida a ponto de reter o capital financeiro; a racionalidade total dos agentes, que, para preservar seus ganhos, vendem suas posições; e a economia internacional pode ingressar em fase de moderação no seu dinamismo e na sua liquidez.

As coisas não são bem assim. Primeiro, a economia brasileira não é nenhuma fortaleza, mas é bem menos vulnerável hoje do que era há pouco tempo. Tem tido saldos em contas correntes, o risco-Brasil caiu, as reservas internacionais são recorde e os ganhos propiciados pelos juros aqui dentro seguem imbatíveis. Segundo, como demonstrou o professor Luiz Gonzaga Belluzzo na *Folha de S. Paulo* de 11 de março, a suposição de racionalidade ignora o poder de formar preços e expectativas dos principais agentes (fundos e bancos de investimentos). E terceiro, há indicadores de que o quadro internacional não sofrerá grande mudança no médio prazo.

Há outro aspecto. A redução dos juros reais vem ocorrendo em todas as economias relevantes, exceto – por enquanto e por exagero de nossas autoridades – a brasileira. Isso nos garante o influxo de recursos (mas nos custa muito caro). E, mais importante, sinaliza que há espaço para grande redução de juros reais, porque a alternativa a ganhos tão fartos não existe em nenhum outro lugar. No limite, a massa global de recursos financeiros terá que cada vez mais buscar outros ativos, seja em investimentos produtivos, seja em imobilizações.

Quanto ao etanol, a corrente para a frente imaginou o mundo se rendendo à nossa supremacia e o nosso destino de potência se cumprindo: a terra prometida em que jorram o álcool e o mel das canas, motores do novo mundo em substituição ao petróleo.

Também não é bem assim. Não será fácil nos tornarmos potência isolada nesse produto sem que outros países concorram na oferta ou mesmo substituam parcialmente a cana. Há barreiras protecionistas, há tecnologias, há capitais com interesse suficiente para diversificar a produção. Poderemos ser líderes, sim (e isso é ótimo), mas não sozinhos.

Mas há a garapa e o bagaço. Que tipo de organização econômica e social a cana-de-açúcar pode instalar no Brasil? Largas extensões de monocultura de exportação, com poucos proprietários (às vezes um oligarca modernizado, muitas vezes fundos e bancos de investimentos – aqueles mesmos de quatro parágrafos acima); pouquíssimos empregos (e de baixa qualidade), dado o uso de maquinário; usinas, pesquisas e motores controlados por estrangeiros; corredores de exportação rasgando o território em ferrovias e estradas que transformam a sociedade interna em paisagem; divisas consumidas com importação de produtos de luxo para os grandes proprietários e investidores e (se sobrar algum) para o abastecimento da demanda média e popular, empobrecida pela valorização de ativos reais (de novo, ver quatro parágrafos acima), pela esquálida externalidade da cana, pela desindustrialização em alguns setores e pelo câmbio valorizado (juros altos e enxurrada de compradores de etanol).

O desenho acima lembra um pouco nosso ciclo de cana-de-açúcar na época colonial. Mas lembra também os países árabes, com sua aristocracia de xeiques e a vasta massa de pobres, tendo ao meio uns poucos ricos e remediados com os bolsos e a mente no exterior. Uma espécie de Ocidente Médio.

Talvez eu exagere. Mas são possibilidades a serem evitadas. A condução dessa produção e dessa tecnologia pode ter outros traços, com internalização de pesquisas, com geração de atividades correlatas de alto valor agregado e espraiamento de efeitos benéficos. Só que isso envolve uma complicada rede de interesses que entrelaça a demanda mundial por etanol e aqueles agentes capazes de determinar os mercados financeiros e econômicos. E, se preciso, também os mercados políticos.

Partidos políticos de outra época

Gazeta Mercantil, 27 de março de 2007

Nossos partidos políticos são retratos riquíssimos da nossa história. Mas nada dizem sobre o futuro. O fato de estarem quase todos amalgamados em torno do governo Lula indica que eles sabem disso: não estão em fase de construir identidade, e sim de abraçar os veteranos adversários – não convém lembrar agora – de longa jornada.

A princípio se estranha que isso se dê justo no período em que o PT e Lula estão no poder, dado que sua valiosa história abrigou a idéia de novo tempo, novo mundo. As velhas estruturas e práticas características seriam varridas com a ascensão ao poder político dos trabalhadores, intelectuais e excluídos.

Mas não é de se lamentar de todo. Primeiro, porque aquela era uma idéia inevitável. Está presente em todos os momentos históricos, em todos os países, em que o sistema político se distancia demais dos interesses das forças sociais mais dinâmicas. Assim foi com o regime militar e os vetores econômicos que precisavam de espaço e poder: empresários, trabalhadores, setores médios urbanos. Mas ser inevitável não significa ser factível. Porque, salvo em rupturas dramáticas, as forças ascendentes acabam conquistando espaço e poder, mas à custa de aceitar o sistema político, mudando a si mesmas para nele caber e mudando um pouco o sistema para espelhar o novo.

Não é de se lamentar também porque o governo Lula de fato marcará, no que toca aos partidos, o final de um tempo, de uma história, de um país. Só que como um grande estuário em que todos os partidos e atores, vindos de nascentes já distantes, desembocam – não como num mar, e sim como num sumidouro.

São todos eles vetores de outra época, outra economia, outra sociedade. Concluem transformações iniciadas talvez em 1930, quando a urbanização, a industrialização, a configuração de novas classes sociais, a inserção externa e a entrada de atores internacionais têm seu marco inicial. Processos cujo fim começou com a crise dos anos setenta, quando o modelo de crescimento pifou. Com a internacionalização e a financeirização desreguladas. Com a pauperização e a desigualdade. Com a defasagem científica, tecnológica e educacional. Com a reviravolta no perfil de trabalhadores, empresários, setores médios e financistas.

As forças e agremiações que construíram, como aliados e como adversários, os processos desses quase oitenta anos, gerando-se, alimentando-se e enfraquecendo-se mutuamente, chegam agora emboladas num sistema político aberto, amplo, democrático, capaz de abrigá-las a todas – (discutir neste instante seria matar a festa) –, mas padecendo de uma fraqueza interna e uma externa. Interna: não têm farol, não vêem nem tentam ver o que virá. Externa: não têm a acossá-las forças dinâmicas capazes de cutucá-las, modernizá-las, fazê-las mudar.

Essas fraquezas têm a ver com a longa estagnação brasileira na economia e com nossa larga exposição à globalização. Vivemos questões de grande atraso e dilemas de ponta. Temos antigos estratos sociais no poder, novos segmentos sociais nos negócios e a grande figuração de excluídos. E nossos partidos não abrigam essas nuanças, essas novidades, esses impasses como agenda: contentam-se em ser o que eram, o que já fomos.

O PFL e os empresários, banqueiros e economistas neoclássicos que nele se penduram, sem força eleitoral, se recolhem às regiões e mentes anacrônicas. O PMDB acabou como força representativa quando acabou a ditadura. Desde então, é só maioria, sem projetos. O PSDB é a antiga ala intelectual do MDB. Queria a social-democracia e o apoio ao empresariado nacional. Mas abraçou a pauta ultraliberal e ficou sem público e sem empresariado, engolido pela internacionalização. Foi atropelado pelo PT, que queria igualdade, participação, desenvolvimento, comida, diversão e arte para os trabalhadores e excluídos. Obteve avanços. Mas teve que conceder em muita coisa para conquistar e manter o poder, inclusive no ideário modernizante na economia e na política. E não tem mais a mesma base social que o sustentou: trabalhadores organizados na indústria – três termos enfraquecidos.

É de se perguntar o que virá depois. Difícil saber. O país não cresce. Há problemas primevos convivendo com financeirização e tecnologia de fronteira. Há a violência, o etanol, os IPOs e fundos de investimento, o PAC, o Bolsa Família, o *investment grade*, a miséria e a coalizão ministerial. E partidos muito velhos. Quem disser que sabe está mal informado.

Economia, mercado de capitais e riscos

Gazeta Mercantil, 10 de abril de 2007

O risco-Brasil está baixo, entre 150 e 200 pontos. O real está forte, cerca de metade do dólar. Há fundamentos econômicos positivos. Superávit comercial, superávit primário, boa sinalização do PIB (revisto) e no nível de atividades do primeiro trimestre, redução da relação dívida pública/PIB (revisto) e queda paulatina dos juros.

Há o lado ruim. Os resultados externos advêm do preço internacional de produtos primários, compensando a diminuição da quantidade exportada, sobretudo de produtos industrializados. A importação cresce e atinge cadeias industriais importantes. Há corte de investimentos produtivos e carência de gastos sociais. A atividade econômica está abaixo da necessidade de geração de emprego e renda. Há excessos na carga tributária. E os juros, embora caindo, estão, em termos reais, muito acima do razoável – que pode ser dado pelos juros pagos sobre títulos de nossa dívida externa.

Entretanto, não sejamos rabugentos. Vista por um painel de controle macroeconômico, a economia encontra-se numa quadra muito positiva, como talvez não tenha registrado em outra época. Isso abre caminho para a superação das sombras do segundo parágrafo, principalmente se, em prazo relativamente rápido, se efetivarem os investimentos previstos no Plano de Aceleração do Crescimento (PAC) e os juros reais baixarem. Claro, faltará tudo o mais que nos falta nos terrenos tecnológico, científico, educacional, distributivo, social, cultural, regional, etc. (Eis-me ranzinza de novo).

Investidores internacionais compartilham dessa leitura positiva e têm comprado Brasil como nunca. Há fartura de recursos no mercado financeiro (renda fixa), na Bolsa de Valores e nos fundos de investimentos. À medida que os juros forem reduzidos concomitantemente com maior diminuição do risco-Brasil e a conquista do "grau de investimento" – essa será a realidade no médio prazo –, esse processo vai se intensificar e produzirá mudanças importantes no mundo dos negócios.

Haverá valorização de ativos, tanto os produtivos quanto os imóveis. Hoje o custo de oportunidade é alto, dado pela cornucópia da renda fixa. A ponto de, abarrotados de recursos de aplicadores, os gestores de fundos estarem com dificuldades de encontrar ativos nos quais investir. Poucos deles oferecem retorno competitivo frente aos juros. Ocorre que em breve não existirá portfólio melhor do que investir em produção e em riqueza. Com os juros reais baixos, ativos hoje estocados ou pouco atraentes passarão a ser disputados pelos investidores.

O mercado imobiliário sofrerá forte impacto, que atuará no sentido contrário ao da atual desvalorização, oriunda de certo excesso de oferta, e depurará os atores do mercado. Empresas de capital aberto e fundos imobiliários terão proeminência em relação às empresas tradicionais. Compradores de renda média e baixa se verão expelidos de segmentos a que hoje têm acesso relativo – a menos que haja programas e incentivos à construção de moradia para eles. Só que a valorização de terrenos e insumos atuará centrifugamente: de bairros centrais para as periferias e de centros grandes para menores. Há uma pauta econômica, sociológica e demográfica a explorar nessa hipótese, para os que procuram alguma.

No geral, o mercado de capitais se expandirá. As ofertas de ações, as exigências de governança e regras, os aparatos regulatórios, os fundos dos mais variados tipos, a participação ampliada de investidores majoritários e minoritários, o declínio das grandes empresas de dono ou familiares ou de governança arbitrária, a demanda por auditorias e controles, a derivação de mercados secundários, o fortalecimento dos investidores institucionais internos e externos – enfim, a modernização do mundo dos negócios no Brasil – serão itens do cotidiano. Por meio deles, é que haverá canalização de investimentos produtivos, seja em indústria, em serviços, em infra-estrutura ou em etanol.

Quando crescem os negócios, crescem os riscos de investir e dar com os burros n'água. O aperfeiçoamento da análise e do monitoramento dos investimentos está na ordem do dia. E com a inclusão de aspectos hoje menos valorizados. Além das variáveis tradicionais de avaliação financeira, serão necessárias avaliações de gestão, de consistência corporativa, de vulnerabilidade política e institucional e de estabilidade nos quadros dirigentes e funcionais de empresas, fundos e empreendimentos. Porque, mesmo modernizados, muitos negócios ainda serão canoas furadas.

A hora e a vez dos fundos de pensão

Gazeta Mercantil, 03 de julho de 2007

Os fundos de pensão têm grande importância não só por sua finalidade precípua de complementar a aposentadoria dos participantes. Mas também por seu papel na configuração econômica e política do país.

No primeiro aspecto, já foram muito questionados por se restringirem a segmentos organizados e bem remunerados dos trabalhadores e por crescerem no terreno em que minguou a previdência pública. Trata-se de crítica desfocada e desatualizada. A começar pela constatação de que em nenhuma economia consistente a previdência pública deve ser ou é capaz de assumir remunerações próximas aos salários da ativa – sem que isso, naturalmente, justifique a deficiência do sistema brasileiro. A complementação, com recursos legítimos e benefícios sustentáveis, é muito bem-vinda.

E está desatualizada em vários sentidos. Os trabalhadores participantes de fundos não são mais um segmento de alta remuneração. Em média, o rebaixamento do valor real de seus salários trouxe-os a uma realidade bem mais próxima do mercado de trabalho nos segmentos que permitem comparações. Tampouco se registram antigas desproporções entre as contribuições do empregador e do empregado. Hoje elas são equivalentes. Por fim, com a figura dos fundos multipatrocinados e instituídos, o sistema passou a ser alcançável por uma parcela muito grande dos trabalhadores, mesmo quando seu padrão de remuneração é relativamente modesto.

Ainda neste aspecto, mas em outra dimensão, podemos saudar a modernização na legislação e no funcionamento dos fundos nos últimos anos. As normas e o funcionamento interno dotaram-nos de compromissos com a transparência, o controle e a sustentabilidade, sempre com a ação interativa do participante. Muito diferente de épocas anteriores, em que a interferência do governo e a arbitrariedade de gestores conduziram alguns fundos a situações difíceis e ao noticiário policial.

Quanto ao segundo aspecto, os fundos de pensão são formadores de poupança, agentes de investimentos produtivos e vetores de democratização do capitalismo. Por essência, acumulam as contribuições dos participantes, preservam-na por longo prazo e, para fazê-las crescer e sustentar os benefícios futuros, têm que investi-las e maximizar seu rendimento. Nas economias maduras, o porte e o papel dos fundos nessas funções são bem maiores do que no Brasil e os fazem atores destacados na dinamização do crescimento.

No Brasil, tomando os anos recentes, as aplicações dos fundos estiveram direcionadas muito mais à renda fixa, seja pela necessidade do setor público de financiar sua dívida, seja pelo ganho incomparável que os juros oficiais lhes proporcionaram. Mas a queda recente dos juros – ainda comedida e com baixo efeito no elevado custo de oportunidade existente na avaliação de investimentos produtivos – tem aberto oportunidade e necessidade de reavaliar a carteira de investimentos dos fundos de pensão. Com a iminência do grau de investimento, os grandes fundos internacionais adentrarão o mercado interno com o mesmo objetivo.

Os compromissos dos fundos são de longo prazo. Ninguém lúcido pode achar que os atuais juros reais sejam pagáveis por muito mais tempo. É preciso reposicionar os ativos na renda variável para obter retorno sustentado, ainda que a taxas menores e com menor liquidez. Na verdade, os fundos de pensão não requerem liquidez sôfrega, e sim previsibilidade e regras de entrada e de saída para manejar suas curvas atuariais.

Esse reposicionamento se dá via mercado de capitais, utilizando e fomentando os fundos de investimentos, as sociedades de propósitos específicos, os mecanismos de dívidas, a participação acionária, as parcerias institucionais e o financiamento de fluxos futuros. Isso quer dizer espraiamento das boas práticas de governança corporativa, busca de maior eficiência e primado da transparência e do controle nas empresas e atividades produtivas. Não é pouca coisa em termos de modernização do mundo empresarial brasileiro.

E mais. Tal como nos países mais desenvolvidos, o papel crescente dos fundos de pensão e a maior dimensão do mercado de capitais multiplicam o número de investidores e de beneficiários da produção capitalista. Cada participante dos fundos, cada cotista de sociedades investidoras, cada acionista minoritário de empresa e empreendimento e cada aplicador em fundos agenciados na rede bancária participa do sistema, controla riscos, ganhos e perdas e assume relativa importância nas decisões que influenciarão no resultado econômico geral.

É como uma certa democratização do capitalismo – claro, sem sanar as desigualdades de poder e riqueza dentro e fora do mercado de capitais. Mas pelo menos tornando-o mais poroso a um número maior e mais diferenciado de membros da vida econômica. Se pensarmos, de novo, nos países desenvolvidos, essa tem sido, lá, uma realidade já relativamente antiga.

O que ajuda a entender um pouco da nossa diferença em relação a eles.

O crédito na economia brasileira

Gazeta Mercantil, 31 de julho de 2007

Com as reduções da taxa Selic, que caíram de 19,75% ao ano em agosto de 2005 para 11,5% ao ano neste mês, tem havido expansão do crédito na economia brasileira. Em dezembro de 2005, o total de créditos no sistema financeiro correspondia a 28,5% do PIB. Em maio último, chegou a 32% do PIB. Governantes e analistas almejam atingir o percentual de 50% do PIB em médio prazo.

Há duas questões importantes a considerar. A primeira é que os juros reais continuam muito altos. De cerca de 11% ao ano em janeiro de 2006, reduziram-se para cerca de 8% anuais agora. Além disso, porém, há os *spreads*, que diminuíram muito menos nesse mesmo período. Eram de 29,5% e agora são de 26,2% no total geral. Mas com diferença expressiva entre as pessoas físicas e jurídicas. Para aquelas, o *spread* era de 43,5% e agora está em 37,7%. Para estas, os percentuais caíram de 14,3% para 12,8%.

Medalha de ouro para o Brasil: o crédito é o mais caro até onde a vista alcança, mesmo com a mão na testa, em continência. Daí seu baixo volume e sua baixa expansão no período. E daí imaginar que, para que o crédito chegue a 50% do

PIB, seu custo (juros mais *spread*) terá que descer do pódio. A Selic pode e deve contribuir para isso, mas o *spread* tem outros componentes.

O sistema de oferta de crédito é oligopolizado. Põe no seu produto – dinheiro – o preço que lhe assegure ganhos marginais maiores do que seu custo marginal. E o custo de oportunidade é alto: afinal, comprar títulos do governo tem sido mais rentável do que emprestar dinheiro. Mas os ofertantes de crédito discordam desta análise. Dizem que os principais problemas são a insegurança jurídica (execução) e a inadimplência. Em outras palavras: o *spread* seria o preço da sua angústia.

Antes de desperdiçar lágrimas, vejamos. A inadimplência no sistema (vencimentos com mais de noventa dias) mantém-se em 3,7% desde pelo menos o final de 2005 – longe de ser um recorde mundial –, e o crédito de melhor qualidade passou de 90% para 91% do total nestes quase dois anos. O sistema passou a dispor de instrumentos de execução rápida, como a Cédula de Crédito Bancário (CCR) e as inovações da Lei de Falências nos últimos anos. E os *spreads*, a despeito disso, permanecem no Olimpo.

A segunda questão a considerar é a finalidade do crédito. As modalidades que mais têm crescido desde o final de 2005 são para habitação (36%) e pessoas físicas (40%). Juntas, representam cerca de 38% do total de créditos, sendo 33% para pessoas físicas. O crédito para a indústria e para o comércio cresceu 25% no período. Juntos, representam 32% do PIB, sendo 22% para a indústria.

Num país em que a maioria tem renda precária, o crédito para pessoas físicas é essencial e deve ser ampliado e comemorado. Mas releiam acima: o *spread* para elas é de 37,7%! Ou seja, o sistema tem financiado bens de consumo, mas o que ele vende mesmo, e muito caro, é dinheiro para suprir o orçamento do tomador. A hipótese que surge é que, se tivéssemos níveis de renda mais altos, a procura por crédito pessoal cairia e talvez os *spreads* baixassem.

Quanto ao crédito para as pessoas jurídicas, há muito tempo o sistema deixou de ser um parceiro importante. Em geral, financia capital de giro para remendar os fluxos de caixa. Estudo do Ipea (Texto para Discussão 653, junho de 1999) já identificou que mais de 63% do financiamento das empresas no Brasil tem sido feito com recursos internos, ou retenção de resultados. Os recursos externos têm sido pouco utilizados: cerca de 30% vêm de dívidas e apenas 6,5% provêm de ações.

Nos últimos anos, esses percentuais devem ter se alterado, sobretudo com a onda de emissão acionária. Mas o padrão permanece. Quanto ao endividamento, as inibições são de duas ordens. Uma, a dificuldade de fornecer garantias e informações para aprovação de crédito. Outra, o alto custo do crédito. Nenhuma empresa em condições de optar e que quer preservar seu custo de capital em nível solvente aceita tomar recursos bancários aos custos atuais. Não falo das grandes, que têm acesso aos exóticos juros internacionais.

Quanto às ações e *equities* em geral, a dificuldade empresarial advém de seus temores ou de suas poucas condições de publicar dados e aceitar sócios que compartilharão a governança. Mas a entrada de sócios – e hoje em dia os fundos de investimento são o veículo dessa possibilidade – representa, para as empresas, não só a melhoria de governança. Também dá a elas melhores cadastros, créditos e *spreads* e maior poder frente aos bancos e financiadores. No final das contas, melhoram muito os resultados, que podem seguir, mais folgadamente, sendo fonte de financiamento com recursos próprios.

Empresas mais capitalizadas, assim como pessoas com mais renda, têm menor necessidade de tomar crédito. Portanto, podem fazê-lo obtendo juros e *spreads* menores. Cairá muito a angústia dos vendedores de dinheiro. Mas atenção: é dela que muitos deles têm vivido.

A caixa-preta dos mercados turbulentos

Gazeta Mercantil, 14 de agosto de 2007

Duas presunções sustentam o mundo dos negócios. Uma é a fidúcia. Mesmo quando tudo sinaliza em contrário, você, eu, nossos credores (que são muitos) e nossos devedores (poucos) acreditamos que os compromissos, papéis e contratos serão cumpridos.

A parte devedora ou compromissada com um fornecimento acredita que vai conseguir honrar sua assinatura mesmo quando se trata de dívidas grandes e longas, que o credor não vai executar o contrato se houver algum revertério e que, na outra ponta, os contratos em que ela figura como credora (dos quais virá o dinheiro que mantém a fé geral do sistema) serão quitados. Amém.

A parte credora confia em que seus devedores têm plenas condições de adimplir. Quando o credor é poderoso, por via das dúvidas faz análise de crédito, levanta ficha cadastral, consulta SPC e Serasa, pede aval e garantia e, depois de verificar que o tomador não precisa daquele dinheiro – e que, portanto, merece o financiamento –, para compensar esse trabalho todo e a incerteza (?) restante, enfia no tomador um *spread* ou *del credere*, se possível debitado já na tomada do recurso. Quando somos você e eu, apenas confiamos em que nosso leal devedor não vai falhar ou que o banco em que temos conta-corrente terá de fato dinheiro para cobrir o pré-datado (outro ato de fé mútua). *Ora pro nobis*.

Assim se dá nas relações entre países, nas relações comerciais, nas relações financeiras e bancárias, etc. E também, e principalmente, na relação fundamental entre todos nós e a autoridade monetária (Banco Central), ao aceitarmos que um papel pintado vale os reais que ali estão inscritos. Em cada dimensão, formam-se aros em que desempenhamos papéis alternados e simultâneos de entregadores ou recebedores de ex-votos.

Se faltar a fidúcia, a alternativa é voltar ao escambo (eu e você) ou pegar o dinheiro e mandar para a Suíça ou para títulos do Tesouro americano. Processos de inflação ou de alta incidência de descumprimento de contratos geram essa desconfiança e esses movimentos. Buscam-se ativos reais em lugar de dinheiro, evitam-se contratos de prazos maiores, cobram-se as dívidas dos credores, reduz-se o crédito e envia-se dinheiro para o exterior.

Mas como a fé é inesgotável e esses aros precisam virar espirais para tornar exponenciais os recursos na economia, o sistema cria mercados de vendas da fidúcia. Comercializa-se a fé nos contratos. Por mera hipótese, pense nos de financiamento imobiliário nos Estados Unidos. Convenço um crédulo a me adiantar recursos de contratos em que eu sou o credor, repasso a ele esses créditos, uso os recursos para pagar adiantado outro contrato, e passo a ser o crédulo detentor desses títulos.

Mas há ainda a fidúcia derivada dessa. Há compradores de créditos de créditos. E de créditos de créditos de créditos. Como uma comunhão em que todos partilham da segurança do sistema – embora, para se precaver, cobrem comissões, deságios, taxas de descontos e *spreads* para adquirir as indulgências (se você não se lembra, eram títulos de uma câmara de compensação de créditos e débitos etéreos – algo parecido com o atual crédito de carbono), cujo fiador de última instância é, digamos assim, metafísico.

Em outras palavras, cobra-se pelo risco de não receber pagamentos cuja certeza de recebimento fundamentou a aquisição do crédito. Se todos pagam, todos ganham, sobretudo aqueles que cobraram risco maior. Se uma parte expressiva não paga, perdem todos, exceto os que receberam primeiro ou pediram o pagamento do risco adiantado (deságio na aquisição). Com o perdão da comparação, lembre-se das pirâmides que de tempos em tempos surgiram, cresceram, excitaram e quebraram vários conhecidos nossos. Menos eu e você, que não somos trouxas.

A segunda presunção que sustenta o mundo dos negócios é exatamente esta: todos vão se dar mal, menos eu. E você, claro, claro. O negócio que fizemos foi o melhor da praça. Só entraremos em contratos seguros e vantajosos. Com trinta (dias), pinta (dinheiro para cobrir o pré-datado). Sem esta presunção, as transações seriam todas à vista e não haveria mercado financeiro nem de capitais, que são os nomes técnicos das espirais acima.

Para garantir a vigência das duas presunções, existem leis, instituições, câmaras de compensação, seguros e resseguros. Todo o sistema se protege, emite selos, faz manutenções periódicas, aperfeiçoa os controles, mapeia as rotas dos créditos, fornece expectativas e atua vigilantemente para evitar catástrofes. Nós entramos com a fé de que tudo vai funcionar e com a certeza de que conosco nada vai dar errado. A menos que alguns participantes fundamentais comecem a falhar no pagamento das promessas.

É mais ou menos como entrarmos em um avião para flutuar no céu como se fôssemos pássaros. O pressuposto é que não morremos na contramão atrapalhando o tráfego. Quase sempre dá certo.

Financeirização e estabilidade política

Gazeta Mercantil, 23 de outubro de 2007

O Banco Central, depois de quase dois anos de quedas consecutivas, estancou a redução dos juros nominais (Selic), que foram mantidos em 11,25%. Com a inflação em cerca de 4%, os juros reais são de 7% ao ano. Modelos econométricos que ponderam variáveis como PIB real, PIB potencial, inflação, risco-Brasil e necessidades do setor financeiro concluem que esse deve ser o piso para evitar o caos. Piso, nesses modelos, é chamado de taxa de equilíbrio. E o caos seria o fim dos ganhos de arbitragem dos aplicadores, que pegam dinheiro barato lá fora e o multiplicam aqui se valendo dos juros e do câmbio.

Todo mundo deve ter alguma tia que, nos planos que reduziam drasticamente a inflação, xingava o governo por ter minguado o rendimento da poupança. A mesma tia, ou outra, deve ter vociferado com o fechamento dos bingos. Elas não sabem que o ganho real aumenta com a redução da inflação nem que os bingos tendem a espoliá-las.

Os aplicadores financeiros, diferentemente, sabem fazer contas e vencer no jogo atual. Por isso, agem como aquela tia: não querem que a remuneração caia abaixo de certo ponto nem que o cassino deixe de funcionar. E, ao contrário das tias, têm poder para fazer valer seus interesses.

Talvez ajude a contextualizar o poder desses aplicadores recorrer a pinceladas teóricas. Governos se sustentam em duas bases. No *establishment* e nos setores populares. *Establishment* é a denominação empolada dada aos poderosos. Setores populares é a denominação sociológica para pobres, incluindo nossas tias. O quê? Como? Classe média? No Brasil (mas não só), isso é só uma estratificação de renda. Politicamente, ela não tem interesses próprios. Não existe. Uma parte dela se alinha aos poderosos. Outra, aos pobres.

Governos que atuam acintosamente a favor do *establishment* precisam obter controle ideológico e/ou repressivo também acintosos dos setores populares. Governos que pretendem atuar acintosamente a favor dos setores populares ficam só na intenção. Caem rapidamente. Ou adotam o que alguns chamam de realismo, outros, de pragmatismo e os inconformados, de traição: passam a atender aos interesses dos poderosos. Nas democracias modernas, vale a primeira assertiva, sem os acintes.

Há um reducionismo perverso nos dois parágrafos acima. Mas eles ajudam a entender muita coisa. Por exemplo: sob tal ângulo, mantendo o reducionismo, podemos dividir nossa história política e econômica depois de 1930 – quando se intensifica a industrialização e a fase de grande crescimento – em três períodos: o primeiro, até 1964; o segundo, daí até 1984; e o terceiro, até os dias que correm.

No primeiro os poderosos, modernos e atrasados, centrais e periféricos, se acomodaram no Estado e compartilharam os frutos do crescimento econômico. Os setores populares se integraram ao sistema com a geração de empregos, a urbanização e a mobilidade social. A forte máquina coercitiva numa fase e cooptação populista em outra, ou ambas ao mesmo tempo, mitigadas, asseguraram a estabilidade e a legitimidade.

Até a crise de 1960-1964. As aspirações populares cresceram muito. O crescimento já não era tão grande e não rendia muitos frutos. A pisada no acelerador econômico precisou do fechamento político e de nova acomodação entre elites modernas e atrasadas.

Entre 1979 e 1984, o castelo ruiu: colapso do modelo econômico, dissensão entre as elites, crescimento da pressão popular. A abertura política, porém, não trouxe crescimento econômico. Desde então não se gera riqueza real. A forma de assegurar ganhos para as elites têm sido a inflação (até 1995) e os juros, subtraindo-se renda dos demais atores.

A financeirização da riqueza amalgama o *establishment*. Seus integrantes se empanturram de juros. Os que têm poder político – embora nem sempre tenham também poder econômico – levam a sobremesa dos cargos públicos e das emendas orçamentárias em troca de aprovações parlamentares.

Não é de estranhar, nesse arranjo, que não haja muitos lamentos com a falta de crescimento econômico e nem que não se verifiquem muitos esforços para que ele seja retomado. O importante é ninguém mexer em nada – principalmente nos juros reais.

Com relação à base popular, o fim da inflação trouxe alívio parcial e diminuiu a pressão organizada. A consolidação democrática e os canais de participação (e alguns de cooptação), idem. As políticas assistenciais e sociais que se seguiram fazem o importante papel de mantê-las com certa dignidade e alguma perspectiva – em termos relativos, não absolutos, que seguem sendo deprimentes.

O ruim é que há quase trinta anos temos vivido – com matizes, personagens e formas complexas, mas não há espaço nem propriedade para discuti-las aqui – em torno desse arranjo. O pior é que há necessidade, há viabilidade, há oportunidades imensas abertas ao crescimento: recursos estocados em investidores privados e institucionais, dentro e fora do Brasil; carências produtivas, sociais e culturais enormes; conjuntura internacional favorável. E estabilidade política.

O problema é que uma das pernas da estabilidade política parece ser exatamente a financeirização da riqueza. Essa talvez seja – de forma velada, inculcada, entorpecente – a premissa do modelo econométrico do primeiro parágrafo.

O quê? Como? Setores populares? Bom, alguém tem que trabalhar para manter as coisas funcionando, recolher impostos para haver recursos para pagamento dos juros e votar para que haja legitimidade política.

Capitalismo moderno e anacronismos

Gazeta Mercantil, 06 de novembro de 2007

A modernização das empresas no Brasil é inegável. Mesmo que ainda se restrinja a certas regiões, setores e portes, o movimento é de profissionalização, abertura de capital, governança transparente e planejamento. Muito diferente do quadro de empresas familiares ou mesmo pessoais, em que os caixas das pessoas física e jurídica são um só, em que a arbitrariedade e a informalidade ditam a gestão e em que o futuro são os compromissos do próprio mês.

Mas esse quadro mais arcaico não acabou. Estatisticamente, deve ser preponderante, ainda que desconsideremos o universo de micro e pequenas empresas. Não é de lamentar ou de não entender. Empresas e empresários surgiram e têm surgido no nosso nascituro capitalismo contemporâneo (assumamos o período posterior a 1930) como alternativas ao trabalho assalariado, ou como fuga dele ou como caminho para a segurança e a ascensão pessoal rápida.

É positivo que isso ocorra: muito do nosso dinamismo econômico (com largura, intensidade e profundidade) advém do empreendedorismo pessoal, de pequenos ou grandes grupos produtivos que se formaram ao redor de um sobrenome, na maioria das vezes com parco estudo e com minguados vinténs nos bolsos da primeira calça comprida. Se olharmos o mapa empresarial das nossas seis ou sete décadas de modernização, serão pouquíssimos os exemplos de capital aberto, gestão profissional, etc. E muitos destes como segunda fase de uma iniciativa familiar ou pessoal.

São famílias e pessoas que construíram um parque produtivo (indústria, comércio e serviços) entre os maiores e mais dinâmicos do mundo. Não ocorreu igual em outros lugares. Onde ocorreu, teve menos dimensão e menos vigor. Há fatores explicativos. Imigração, políticas públicas direcionadas (nem sempre ou poucas vezes universalistas), capitais advindos de atividades agrícolas e de exportações, estruturas de desigualdade regional, social e econômica, e mais outros que integram nossa economia política.

O interessante é que essa genealogia penetra e condiciona também nossa moderna configuração empresarial. As governanças profissionalizadas estão nas mãos de controladores ou ex-controladores – vejam os sobrenomes dos conselhos de administração e conselhos fiscais nas finanças, na indústria, na mídia, nos serviços. Nossos IPOs têm enorme presença, em alguns dos elos do processo, de grupos familiares ou recém-convertidos. Muitos dos nossos maiores gestores de fundos e consultores econômicos e financeiros são quase turmas de velhos amigos que ficaram ilustres, que revivem os faroestes e as casas nas árvores de suas infâncias. Nossos investidores institucionais tiveram até recentemente – e dele ainda preservam resquícios – timão político em prol de beneficiários de estirpe, com brasões nas portas de seus conglomerados antigos (no Brasil, antigo é o que está na segunda geração) ou novos (no Brasil, todos os que ascenderam do início do regime militar até à liberalização iniciada nos anos noventa).

Talvez seja ilustrativo que muitos exemplos de sucesso da chamada nova fase do capitalismo sejam os "eventos de liquidez": momentos em que a família ou os parceiros que montaram um negócio para ficar ricos – o que no modelo anterior levaria uma ou duas gerações – encontram fundos ou empresas maiores que lhes pagam uma fortuna para ficar com o negócio. Passam a ser famílias e parceiros ricos sem que o dinamismo empresarial tenha adquirido largura, intensidade nem profundidade. Na ponta compradora encontra-se provavelmente um fundo entre amigos mais ricos, ou uma empresa com sobrenomes mais pesados, que passam a pensar no evento de liquidez subseqüente.

Tudo bem. É transição. Maturação. Aponta para outra modelagem e de forma muito rápida. A própria abertura de capital da Bovespa é quase uma metalinguagem auspiciosa desse idioma novo no mundo corporativo. Cedo ou tarde sobrenomes e controles personalizados talvez tenham que ceder lugar à pulverização de fato. Os rostos e nomes nas publicações especializadas – difícil ainda distingui-las das colunas sociais, isso é sintomático do que digo – cederão lugar ao capital pagão, ao capitalista anônimo, aos investidores *urbi et orbi*.

O curioso é que provavelmente as atuais forças de inovação do nosso capitalismo empresarial passarão a ser a força de resistência ao aprofundamento das mudanças. Porque estão mais próximas do capitalismo familiar e bairrista anterior do que do capitalismo impessoal que pode vir a se configurar. Verão que o movimento em curso, que os pôs na crista da onda, vai desembocar em estuários novos, nos quais eles, ícones hodiernos cuja nascente ainda são as fontes de familiaridade ou de camaradagem que predominam nas nossas corporações, poderão tomar um caixote, submergindo na areia impessoal em que o jogo deve se desenvolver.

Alianças políticas entre novos e antigos. Anacronismos táticos. Contemporaneidade de não contemporâneos. Teses e antíteses dialéticas. Espertezas e sobrevivências. Pragmatismos. São muitos os conceitos na literatura. O que interessa é que isso poderá ou não atrasar a instalação de um vigoroso, impessoal, dinâmico e anônimo capitalismo no mercado de capitais, no mundo empresarial e – acreditem, pensem um pouco – no mundo político brasileiro.

O elogio da loucura: a crise econômica americana

Gazeta Mercantil, 18 de março de 2008

Da crise econômica americana, dá para extrair muitas lições filosóficas. Por exemplo: esperteza demais engole o dono; quem tudo quer tudo perde; viver é perigoso; e macaco velho não põe a mão em cumbuca. Engraçado é que são as mesmas lições que supostamente foram extraídas de outras crises parecidas, no final dos anos noventa, no final dos anos oitenta e, para encurtar o século, no final dos anos vinte.

Porém, em todos os momentos em que se sai de uma crise e se inicia nova rodada de euforia, quem advertir para os riscos se verá isolado, quase banido. A loucura não gosta de leitores de memória muito fiel. Não bebe com homens que se lembram de tudo. Ela irriga a ambição, enfraquece os anticorpos, aniquila o passado e acena com o mundo novo ao alcance das promissórias.

A fartura e a euforia desprezam cuidados quanto à qualidade do tomador de crédito, quanto à sustentação do negócio, quanto à exposição dos emprestadores e quanto à consistência dos gestores. E o que mais surge em momentos de mercado aquecido são tomadores, negócios, emprestadores e gestores oportunistas. Lei natural das coisas, dirão os cientistas políticos. Lei da oferta e procura, dirão os economistas.

Problema sério para os investidores, os donos de recursos que aportam dinheiro pesado nas mãos de gestores de fundos. Dado o quadro no início e no meio do processo, têm de correr atrás de oportunidades, porque ficar parado significa deixar de ganhar milhões. Vão à busca, e com pressa, de gestores ofertantes de ganhos rápidos e exponenciais. Anticorpo distraído, ambição no máximo, passado esquecido, pouco tempo e pouco cuidado na análise da oferta – está pronto o caldeirão, as borbulhas estourando, o caldo entornando.

Não se sabe qual a duração e o alcance dessa lava que já tomou a cozinha e a copa da economia americana. O certo é que os emprestadores, os tomadores e os gestores já correm para os quartos e salas, tentando perder somente a pele dos calcanhares. Não se sabe dos investidores, mas, dado seu peso, provavelmente têm pouca mobilidade para correr, embora estejam a uma altura mais segura – digamos, em cima dos bancos. Imaginemos um grande fundo de pensão, por exemplo, que tenha postos vários bilhões de dólares num fundo imobiliário. Seja se a crise ganhar muita extensão, seja se ganhar muita profundidade – na imagem acima, se ganhar altura –, o fundo se verá em carne viva.

Se isso ocorrer, milhões de participantes dos fundos de pensão americanos estarão envolvidos numa crise que por ora eles parecem só conhecer de noticiário. Supõem que a solidez de seus investimentos não terá certamente sido comprometida com aportes em gestores complicados. Que os negócios escolhidos, as regras de contratação, as garantias e os mecanismos de entrada e de saída dos investimentos tenham sido observadas com o rigor meticuloso que o momento de euforia exige.

Mas o momento de euforia é o império da loucura. Não se examinam os riscos, não se identificam oportunistas e inconsistências, não se enxergam defeitos e a desconfiança passa a ser fraqueza. A hora é de todos louvarem os próprios méritos e espalharem esses louvores. Os *ratings*, de certa maneira, são como *chefs* provando o líquido que aquecem no caldeirão: "não tens quem te elogie? Elogia-te a ti mesmo".

Não vivemos quadro equivalente no Brasil. Mas as lições podem ser muito úteis. A continuidade da queda dos juros leva nossos fundos de pensão a iniciar a mudança de perfil de suas carteiras. Diminui o magnetismo da renda fixa e aumentam as necessidades e oportunidades da renda variável. Esta, obviamente, carrega mais riscos do que aquela. A mudança do quadro também atrai mais gestores para o mercado, ávidos pelos recursos que os fundos de pensão precisam investir se não quiserem perder rendimentos na renda fixa ou entrar muito tarde na renda variável. A hora, portanto, é propícia para lembrarmos a experiência americana, a do presente e a de vários passados, e para recomendarmos rigor analítico.

Pois é. Lembrar de tudo, ter memória bastante fiel e advertir para riscos. A loucura jamais beberá conosco. Brindemos.

Modernização econômica e letras da música popular

Gazeta Mercantil, 29 de abril de 2008

Quando o apito da fábrica de tecidos feria os ouvidos de Noel Rosa, em 1933, e ele buzinava inutilmente seu carro, o Brasil avançava na industrialização e na urbanização. Inicialmente coadjuvante do capital cafeeiro, a modernização econômica começava a trilhar carreira solo, como saída frente à derrocada do café. Na literatura, o Modernismo já mudara a linguagem e a temática. O coloquialismo e o verso livre expressavam fábricas, carros, locomotivas, fumaças e massas urbanas, que não caberiam nas polainas e na métrica parnasianas.

Nas letras da música popular, a modernização entrou de forma mais lenta e menos organizada. Noel é o único, então, que incorporou elementos do modernismo (coloquialismo, temas mundanos) e exaltou o novo e o urbano. Os outros ficaram com os olhos no Brasil anterior, de luas, amores, sertões e saudades. Às vezes piscavam imagens inovadoras, como em *Arranha-céu,* de Orestes Barbosa, de 1937: "a cidade a luzir, nesses delírios nervosos dos anúncios luminosos".

Depois de Noel (no Rio de Janeiro, em declínio econômico), encontram-se os mesmos elementos em Adoniran Barbosa (em São Paulo, em ascensão) ao longo da fase mais robusta das indústrias e das cidades. Viadutos, operários, atropelamentos, bairros, marmitas, demolições, trens, luz da Light, avenidas em construção, aviões, tragédias urbanas e cotidianas.

Mas, em geral, a música popular seguiu reproduzindo o Brasil rural ou das pequenas cidades, ignorando a nova realidade para se fixar em paisagens cheias de sentimentalismo. Isso é natural. Primeiro, porque essa face do Brasil antigo existia de fato: geográfica e demograficamente seguiu sendo mais extensa do que a nova configuração econômica e social. Segundo, porque consumidores e compositores da música popular eram legítimos oriundos da realidade econômica mais antiga; e, na maioria, eram carentes de formação cultural e acadêmica. Diferentemente de obras, manifestos e ensaios na literatura, na economia e na sociologia – sintonizadas nas ondas curtas da transformação –, a música popular retratava outro mundo, igualmente real, que era o gosto e a ambientação de que usufruíam seus autores e ouvintes.

Só a partir dos anos sessenta é que se verão, de modo predominante e consciente, traços da nova economia brasileira nas letras da música popular. O capitalismo já dominava o terreno, agora com forte penetração de atores e recursos internacionais. O tropicalismo faz então o que a Semana de Arte Moderna, de 1922, fizera na literatura. Adota o novo e o estrangeiro na forma e no conteúdo (alguém poderia fazer identidades inusitadas com a teoria do desenvolvimento dependente e associado), por meio da reciclagem do tradicional e do nacional. Linguagem, instrumentos, modos, roupas e temas atualizam a música popular ao padrão do Brasil moderno.

Mais do que isso: ideologizam-se o novo e o moderno, no sentido de louvá-lo e atraí-lo. As letras falam de Brasília, de automóveis, foguetes, guitarras, lanchonetes, edifícios, mídia, profissões urbanas. A economia e a sociedade passam a ser cantadas. Outra mudança é que os intelectuais entram na música popular: todos os maiores representantes do tropicalismo, da bossa-nova, da música de festival, sejam músicos, letristas ou cantores, são extraídos da elite cultural e acadêmica (alguns também da elite econômica e social). A cultura musical de massa, antes utensílio da camada menos nobre, passa a ser produzida e consumida pela elite; torna-se produtora ideológica do capitalismo moderno e produto comercializável dele.

Mas não é um quadro homogêneo. As letras da bossa-nova estão de frente para o mar e de costas para a economia. Os compositores de protesto misturam a modernização econômica com o regime militar e atacam todos utilizando temas, ritmos, linguagens e valores castiços e autárquicos. E o melhor letrista da época (e de hoje), Chico Buarque, segue versejando bandas, janelas, marinheiros, quintais, pracinhas, brisas e uma série de valores e personagens que a economia brasileira varria para o passado. Critica guitarras e televisões. É quase passadista, incluindo certo parnasianismo. Faz samba e amor até mais tarde, quando a fábrica começa a buzinar.

Capítulo 4

A miséria da economia e da política

É fácil esculpir um cavalo num bloco de pedra: é só ir tirando tudo o que não é cavalo e pronto.

(De um escultor)

A miséria da economia e da política

Gazeta Mercantil, 18 de janeiro de 2006

Boa parte do *mainstream* brasileiro em política e economia é uma empilhadeira de sensos comuns. Tanto nos temas gerais quanto nos específicos há um palavrório repetitivo de conceitos, diagnósticos e propostas que não se preocupam em apresentar comprovações ou conteúdos.

Entre as de contorno mais amplo, aparece sempre a idéia de que o Estado brasileiro é gigantesco e oprime o funcionamento do mercado, o que impede nosso desenvolvimento econômico. Quando se quer mostrar algum verniz, invoca-se o conceito de patrimonialismo (não o de Max Weber, mas o monstrengo de Raymundo Faoro) para enfatizar a caracterização. A argumentação freqüenta colunas de revistas semanais, *papers*, discursos, barbearias e táxis. Mas contraria o mundo real.

O Estado brasileiro é ator menor na economia há pelo menos vinte anos, e quase ausente nos últimos dez. Seja nas atividades produtivas, seja na tarefa de orientador e regulador, o que mais chama a atenção é a fragilidade do Estado para ditar ou atrapalhar o andamento do mercado. Desde a crise dos anos oitenta, ele sofreu enorme corrosão financeira para financiar suas dívidas, perdeu instrumentos orçamentários e abdicou de fortes políticas sociais. A partir dos anos noventa, saiu ou foi tirado da atividade produtiva e desfez-se de patrimônio – sem conseguir instalar aparato regulatório eficaz para contrabalançar as distorções das atividades privadas ("falhas de mercado").

Nesse período todo não houve crescimento, ao contrário das décadas anteriores, quando sua onipresença coincidiu com altas taxas de crescimento. Quer dizer que presença forte do Estado é bom e ausência é ruim? Não, em absoluto. Quer dizer apenas que falta evidência empírica às platitudes antiestatistas.

Tampouco é verificável nos países desenvolvidos e na teoria econômica mais sofisticada que a ausência de setor público é que explica o desenvolvimento. Aliás, não se conhece, na vida real, nenhuma formulação liberal para o progresso – a não ser as arqueologias retóricas do "suave comércio", dos "vícios privados" e das "vocações naturais" de pessoas, grupos e países. Há muito se sabe que livre-mercado é só mercado, nada tem de livre. John Maynard Keynes e Joseph Stiglitz (em dimensões e estaturas distintas), no início e no fim do século XX, destruíram, dentro dos marcos do pensamento capitalista, o que nossa intelectualidade liberal cacareja como manual do perfeito liberal latino-americano.

Descendo a terrenos mais específicos, os temas mais citados são as reformas tributária, previdenciária, trabalhista e política.

Da reforma tributária pede-se, com razão, que incentive o investimento e a competitividade. Mas não se diz que ela tem de promover mais justiça distributiva. Hoje a maior parte da arrecadação se dá por meio dos impostos indiretos – que atingem muito mais os consumidores de menor renda –, e não dos diretos, proporcionais à renda e à riqueza dos contribuintes. Ao contrário do que se dá nos países desenvolvidos. Também muito se reclama, com razão, da fúria fiscal do Estado. Mas ninguém veste o capuz quando se explicitam as evasões, fraudes, elisões e planejamentos tributários.

Da previdência geralmente se espera que dê lucro, embora isso hoje represente pagar menos em valores e/ou em quantidade de beneficiários. Matematicamente, talvez dê resultado ao reduzir o universo dos aposentados vivos. Mas não se menciona que o montante arrecadado diminui por causa da informalidade e do desemprego, das baixas remunerações, das sonegações e fraudes e da desigualdade na cobrança, que deveria ser proporcional à relação lucro/folha salarial e não somente ao denominador.

No campo trabalhista apregoa-se o custo elevado da mão-de-obra no Brasil, o que é uma contradição em termos, dadas todas as evidências dos baixos salários brasileiros, abençoados por Deus. Há, de fato, cunhas fiscais na folha de salários e há outros benefícios salariais que compõem a remuneração do trabalhador, mas menores do que na maioria dos países mais desenvolvidos, embora menos bonitos por natureza. E evita-se a discussão da liberdade de organização sindical, de contrato coletivo de trabalho e do fim do poder normativo da Justiça do Trabalho, itens que modernizariam as relações trabalhistas e sindicais no país.

E a reforma política é discurso ensurdecedor. Um ninho de megafones com milhares de megafoninhos que trombeteiam que faltam consistência e coerência aos partidos, que a corrupção é cultural e que temos de adotar o voto distrital misto. Quanto ao primeiro ponto, há estudos científicos (ver os de Fernando Limongi e Argelina Figueiredo) desmontando o senso comum, mas este ignora a ciência e mal disfarça que o que o incomoda são os partidos. O segundo ponto é um recurso de fuga quando a conversa chega ao limite da argumentação razoável: por etnia ou geografia, estaríamos condenados a esse comportamento. O que é uma incoerência para quem vive pregando reformas institucionais – que então seriam inúteis.

Por último, vem a cereja: o voto distrital misto. Colar o eleito ao rio de sua aldeia para que ele não se comporte mal, dado o peso atávico. Descabida essa idéia, porque hoje temos duas precariedades principais na representação política: uma, o paroquialismo do comportamento individual e das negociações partidárias; e outra, a insuficiente discussão nacional de temas maiores (embora menores do que o Nilo), que devem precisamente se soltar de interesses locais. O lógico seria caminhar para o voto proporcional e nacional e defender o distrital para assembléias estaduais e municipais – ou aldeãs.

Mas a empilhadeira não trabalha por outra lógica que não seja a da preservação e ampliação das desigualdades atuais de poder econômico e político no Brasil.

O valor presente e o risco-Brasil

Gazeta Mercantil, 15 de fevereiro de 2006

Economistas e agentes econômicos trazem o futuro ao valor presente. Dado um diagnóstico e assumidas premissas de valorização e de taxa de desconto (que pode ser vista como um custo de oportunidade), estipula-se quanto um ativo valerá em determinado prazo, e desse valor se extrai quanto ele vale hoje (não quer dizer que ele será comprado por isso, porque a oferta e a procura determinam seu preço de venda e sua liquidez). Há divergências cruciais quanto ao diagnóstico, ao prazo e às premissas adotadas, e obviamente chega-se a valores muito distintos a depender delas. (Curiosamente – o Contardo Calligaris que me perdoe –, psicanalistas fazem, em outra esfera, o mesmo, só que ao inverso: trazem o passado ao valor presente).

No Brasil, obcecado pelo futuro, o presente é essa permanente avaliação e reavaliação (enquanto o tempo passa na janela), em pregão viva-voz, de seu potencial, seja pelos atores internos, seja pelos investidores externos – só que estes, em meio à algaravia dissonante, aproveitam para tirar uns bons trocados (ou ouro do nariz) com os altos juros e taxas de risco que conseguem arrancar para financiar a feira.

Nessa leitura, as diferentes visões da economia brasileira supõem, em resumo, um quadro melhor ou pior em algum ponto mais adiante no tempo. Nosso valor presente é dado pelo quão distantes ou próximos estaríamos desse caminho e desse futuro. Daí advém o recurso a políticas e ações teleológicas, capazes de nos reaproximar ou distanciar, no espaço e no tempo, do nosso destino.

Os chamados desenvolvimentistas, em geral, crêem num futuro fabuloso (em todas as acepções) e nos têm em registro elevado na sua contabilidade. Suas políticas públicas corretivas são duradouras e buscam fazer o ativo presente acelerar sua valorização e realizar seu potencial. Os chamados liberais, em geral, acreditam que o fim está próximo, que por isso valemos pouco e que só devemos usar políticas públicas por um tempo, para frear e frustrar o desastre.

Os primeiros acham que temos de pagar pouco e os segundos, muito, para os estrangeiros financiarem a feira. Os primeiros acham que nem precisamos tanto assim desse financiamento; os segundos, que sem ele viveremos de xepa. Aqueles perseguem riqueza advinda das contas externas para dizer adeus ao financiador e fazer da feira um supermercado; estes zelam pelos saldos das contas fiscais para que o financiador saiba de seu retorno e não vá integrar outra freguesia.

Para os desenvolvimentistas, havendo muita robustez nas contas externas, o que exige política industrial e câmbio desvalorizado, o risco-Brasil será baixo. Vejamos. No período recente, temos logrado – não obstantes a falta de política industrial e o câmbio valorizado – enormes superávits externos (mais de US$ 44 bilhões em 2005, contra US$ 24 bilhões no fim de 2003), mas dispomos de nível não tão robusto de reservas (US$ 53 bilhões no final de 2005, ou nove meses de importação, contra treze meses no início de 2004) e as projeções são de queda na balança comercial este ano.

Para os liberais, é o superávit público que segura o risco-Brasil, o que exige cortes de gastos. Vejamos de novo. Também temos registrado – mesmo sem cortes de gastos ou mesmo com alguns gastos agregados crescentes – enormes superávits primários (4,84% do PIB em 2005, contra 4,59% e 4,25% em 2004 e 2003, respectivamente), mas grandes déficits nominais (5,08%, 2,67% e 3,29% do PIB, nos três últimos anos), com dificuldade para reduzir a dívida pública (57,2%, 51,7% e 51,6% do PIB, idem).

Temos, portanto, muitas e complexas variáveis contra e a favor de cada um dos dois lados do debate. Mas o fato mais notável é que o risco-Brasil se encontra em nível nunca antes visto: apenas 224 pontos na última sexta-feira. O debate vira confronto: qual variável, afinal, explica isso?

Como pano de fundo dessa esgrima que esburaca o presente, há as concepções mais estruturais sobre o crescimento econômico. Estado e mercado são as categorias básicas utilizadas nas análises de desenvolvimentistas e liberais, quase sempre como ausências: pouco Estado, para os desenvolvimentistas, e pouco mercado, para os liberais, os males do Brasil são. Sabendo-se que o Brasil praticamente não cresce em termos reais desde o início dos anos oitenta, qual ausência, nos termos desenvolvimentistas e liberais, é explicativa? Os dois lados se engalfinham, em busca da vitória teórica e prática.

Aos perdedores, se e quando os houver, restarão, no futuro, os psicanalistas para lhes dizer o quanto valerão nesse dia.

O outro na economia e na política

Gazeta Mercantil, 27 de abril de 2006

Se o mundo for dividido entre nacional e internacional, podemos entender teorias e ações de vários tipos. A do livre-comércio e livre-câmbio, a do imperialismo, a da dependência e as de desenvolvimento são as principais. Elas abrigam noções diferentes – mas nem tanto, se as imaginarmos lá no início ou no fim, com seus supostos "estados de natureza" e "pontos futuros" – de como os países se relacionam e por que alguns são desenvolvidos e outros, não. Não falo só do Brasil, mas de cada um e de todos os países.

Não escondem, entretanto, um traço comum, que é a presunção de que guardamos identidade própria e unidade interna e que, além de portar identidades diferentes, os demais países nos causam males. E que poderíamos, não fossem eles, ser mais ricos. No caso do liberalismo esse traço é mais inconsciente, mas está na hipótese de que os outros são protecionistas contra nós e na certeza de que, nas condições ideais, seríamos muito melhores.

O inferno é o outro. Não só como identidade do mal que nos mantém, por contraste e distância, bons. Mas também como o que nos inferniza, nos impede de sermos o que poderíamos ser. É estranho (Montesquieu perguntava-se: "como pode alguém ser persa?") e íntimo ("o diabo na rua, no meio do redemoinho", avisava Guimarães Rosa, formando, com algumas sílabas, o nome de Diadorim). Contra ele deve-se lutar da forma mais feroz, mas é só com ele que são possíveis as alianças, ou pactos, dado que isto não é possível entre iguais. No fim, é o outro que nos aviva e nos mata. A morte do outro, igualmente.

Assim também em outras dimensões. Se imaginarmos que tudo se explica pelo conflito entre ricos e pobres, teremos algumas teorias e práticas a seguir. Seja de que lado estivermos. Uma delas, o marxismo, é a mais engenhosa e dotada de inúmeros achados brilhantes e de erros – ainda bem, para uns; lamentavelmente, para outros – clamorosos. No fundo, ele dá à idéia de eu e de outro os conteúdos mais extremos de estranheza (antítese, luta de classes) e de intimidade (síntese, nova sociedade ou humanidade). Mas o cerne, ou o ventre, é a disputa pelos recursos que garantem vida mais digna para cada lado.

Podemos tornar mais complexos os personagens e entrelaçarmos o nacional e o internacional com os ricos e os pobres. Daí extrairemos bons, maus, eus e outros mais ricos em profundidade psicológica e acumulação material. Podemos ainda diminuir o foco e distinguir o mundo em setor privado e setor público, por exemplo. Ou entre trabalhadores ativos e aposentados. Ou entre empresários rentistas e produtores. No centro do cabo-de-guerra estará sempre o conflito pela apropriação de renda e o espelho perverso: o outro me toma recursos que seriam mais justamente meus. E me impede de ser o que eu posso e mereço ser. Mas me serve de alavanca na minha luta.

No primeiro exemplo, o setor privado se queixa da extração de tributos e da apropriação de patrimônios que deveriam ser do mercado. Luta contra o Estado para se apossar do que lhe cabe. Mas também a ele se alia, via burocracia, via mandatários executivos e legislativos, o que assegura um equilíbrio na distribuição de recursos mas também a sobrevida do oponente. E o setor público se ressente dos exageros da acumulação privada em detrimento do que seria o bem público, mas precisa do apoio daquela para – diz – trabalhar por este.

Trabalhadores privados, por sua vez, se queixam dos privilégios dos servidores públicos na luta pela sobrevivência: estabilidade, aposentadoria integral e outros direitos diminuiriam o quinhão dos que pelejam ao sol. Mas os servidores avaliam que se subtraíram à imaginada possibilidade (legal) de ficar ricos – que os trabalhadores privados teriam – ao se entregar aos salários baixos do setor público.

Entre ativos e aposentados o conflito é mais rico, porque inclui conflitos e compromissos intergeracionais, e aí o outro se estende em gradações mais sutis de claro-escuro. Entre empresários rentistas e produtores paira sobre o conflito imediato uma identidade mais larga que os agrega frente a não-empresários e ao setor público.

Na política também se pode ver tudo, se assim o observador quiser, como oposição e governo. Categorias, aliás, nas quais podem se embaralhar todas as acima citadas. Mas, enfim, bons e maus, recursos políticos e econômicos em disputa, vidas mais dignas para dirigentes, militantes e representados, inferno e infernação dão identidade e ânimo para cada um dos dois lados, como nos casos anteriores. PT e PSDB, por exemplo, e seus trajetos na oposição e no governo, são os casos recentes e presentes desse jogo de inversos.

O PT precisa do PSDB na oposição, e vice-versa, e precisa que o PSDB seja governo, e versa-vice. Explicam-se pelo mal do outro. Atacam-se como se para se matar. Mas cada um deles sabe que raramente morre – como diz de si próprio o advogado Irapuan Sobral. E que assim mantém vivo a si mesmo e ao outro. Afinal, a morte de um levaria embora a estranheza e a intimidade que dão identidade ao outro, como a morte de Diadorim levou a identidade de Riobaldo.

Mercado de ações e Copa do Mundo

Gazeta Mercantil, 07 de junho de 2006

No mercado de ações consolidaram-se dois tipos de analistas. Há os fundamentalistas e os grafistas. Os primeiros levam em conta o contexto econômico, setorial e específico de determinada empresa e seus resultados operacionais, financeiros e contábeis para determinar o valor de suas ações, o qual abriga também a avaliação da empresa. Os segundos se concentram no comportamento dos próprios preços das ações em determinado período e no de compradores e vendedores em suas apostas de curto prazo. Há, nesta abordagem, uma presunção de racionalidade ou de irracionalidade entre os atores que predomina sobre a observação da estrutura econômica. Em resumo, fundamentos contra gráficos. Ou lógica geral e de longo prazo contra lógicas localizadas e de curto prazo.

Não é difícil aceitar que os dois estejam certos, a depender do tamanho da curva (ou seja, do período) e do universo de companhias analisadas. Provavelmente, os acertos grafistas compõem uma série de pontos que preenchem, no geral, a tendência predominante na análise fundamentalista. Sem desconsiderar, contudo, que muitos movimentos de curto prazo e localizados podem não só contrariar como mesmo interromper a tendência mais estrutural. Assim como tendências maiores invalidam ótimas apostas especulativas. Nesse jogo, muitos participantes ganham e perdem dinheiro.

Com alguma liberdade podemos enxergar tais abordagens, com outros nomes, também na análise política e econômica. Evolução histórica, categorias, classes, consciências, interesses, ideologias e ambiente nacional e internacional povoam a análise estruturalista. Já a visão racionalista enfatiza o curto prazo, as ações individuais presididas por busca de maximização, o jogo partidário, os resultados eleitorais, o comportamento de indicadores de conjuntura, as regras do jogo e as instituições.

Do mesmo modo, pode-se aceitar que se trata de diferença significativa de enfoque. Normalmente as teses racionalistas preenchem as introduções de seus estudos com largas pinceladas estruturalistas, resumindo em alguns parágrafos todos os antecedentes históricos que condicionaram o momento fugaz e supostamente decisivo que exumarão no corpo de seu trabalho. Só então se detêm no seu trabalho e ali revolvem racionalidades, indivíduos, acasos e decisões que conformarão, terminado o trabalho, o leito estrutural que depois dali emanará. Antes dele, história; a partir dali, tudo é possível.

Já os estruturalistas não aceitam que essa fugacidade e a caótica racionalidade individual e de curto prazo possam desviar o curso de estruturas mais pesadas e ditadas por fatores menos comezinhos. No geral, acabam exalando certo determinismo e fatalismo que, ainda que às vezes e parcialmente adiados ou contrariados, irão predominar. Há, quase sempre, um presumido ponto de chegada que ilumina para trás a análise. Antes, durante e depois, só existe a história.

Talvez nada tenha a ver com o assunto, mas a análise futebolística zanza, de forma menos sofisticada, entre dois padrões parecidos com os que mencionamos. Por ser um esporte de difícil execução (dominar a bola com os pés quando o uso das mãos com destreza determinou muito da evolução humana é um desafio anatômico que poucos conseguem executar) – ao contrário dos demais, praticados com as mãos –, sujeito a lances casuais decisivos e condicionado pelo tempo, que dá limites a que a lógica prevaleça (ao contrário do vôlei e do tênis, nos quais o jogo só acaba quando o melhor vence), acredita-se, numa análise mais "racionalista" ou "grafista", que tudo é possível numa partida de futebol. Uma inversão de lateral e o combinado do bairro derrotaria a seleção brasileira. Algo que lembra o exemplo de borboletas e geleiras e põe em xeque favoritismos e tradições.

Mas fundamentalistas e estruturalistas responderiam que, apesar de tudo ser possível no futebol, e apesar de milhões de laterais terem sido invertidos e de inúmeros lances decisivos terem ocorrido por acertos, erros ou acasos, quase sempre as mesmas seleções vencem as Copas do Mundo, assim como quase sempre os mesmos times vencem os campeonatos nacionais. E que cabe à análise científica explicar a repetição, não o acaso. Alguns acrescentariam que essa repetição tem a ver com a atração que os melhores times exercem sobre os melhores jogadores, com os ambientes propícios que se consolidam naqueles clubes e seleções mais tradicionais, etc. Quase como a evolução das espécies darwinista. Que, salvo obscurantismos lamentáveis, tem se mostrado a única radiografia convincente do que fazemos, racionais e irracionais, aqui no planeta há tanto tempo.

Embora não responda, é claro, por quê e para quê. Mas isso nem analistas financeiros, nem economistas nem cientistas políticos conseguem. Talvez só o saibam dizer os comentaristas esportivos.

O conflito entre agente e principal

Gazeta Mercantil, 21 de junho de 2006

Bem antes de Cristo, Aristóteles avisava: "tudo é muito antigo". Na mesma época já se sabia que o que engorda o gado é o olho do dono. Na literatura mais moderna (mas já clássica) de economia e política, esse adágio é apresentado sofisticadamente pelo *conflito entre agente e principal*. O agente é o representante, ou o gestor. O principal é o representado, ou o dono. Há entre as duas figuras um potencial descompasso de interesses, em geral com o agente usando o poder que lhe é concedido pelo principal para benefício próprio, prejudicando não só o representado como também a comunidade em seu entorno.

Na política isso se dá quando os eleitos utilizam seu mandato para benesses, clientelismos, favores, verbas e decisões que favorecem a si mesmos ou ao seu grupo, em detrimento dos seus eleitores. E também quando eles aprovam ou rejeitam matérias contrárias ao que parecia ser sua orientação na época da campanha, e com a qual convenceram a maioria de sua base.

O hiato ou mesmo o paradoxo que se instala nesse caso não tem muita solução aparente, a não ser, nos casos de natureza policial, a denúncia, o inquérito e a cassação. Nos de natureza política, em que o representante atua predominantemente em direção diversa da que sua base aparentemente acreditou, todo cuidado é pouco. Há questões sérias nessa dimensão.

Como aferir que o discurso de campanha sobre tal e qual assunto foi o determinante para a maioria de seus eleitores? Como aferir que, no exercício do mandato, ao mudar de orientação acerca dessas questões, ele desagrada à totalidade ou à maioria de seus eleitores? E, se sim, como afirmar que ele não passa a obter a aprovação de outros eleitores, tão numerosos ou tão legítimos quanto os anteriores?

Daí para entrarmos em questões mais profundas é só um mergulho. O mandato deve ser imperativo, com os eleitores tendo poder de revogá-lo tão logo o entendam necessário? Um transeunte, abordado pelo instituto de pesquisa, se entregaria ao óbvio e perguntaria: quem? como? identificando os eleitores que teriam direito a pedir a revogação? promovendo eleições por categorias profissionais, ou correntes de opinião, ou bases territoriais, ou gênero? fazendo uma eleição para cada tema a ser decidido? ou um plebiscito? a ágora via Google: a gúlgora?

Veja-se que o raciocínio veio rapidamente para a eliminação da representação: o principal deve desempenhar diretamente seu poder e seus direitos; só assim o descompasso com o agente será eliminado. Não é fácil concordar com isso – eu não concordo.

Na economia, mais precisamente no mundo empresarial, o gado e o dono são fáceis de identificar. O dono, ou principal, é o acionista, seja ele familiar, limitado ou sociedade anônima. O gado é a empresa e seus lucros e dividendos. E o agente são os gestores contratados para manter as reses se reproduzindo em prol do acionista. Mas ocorre que os acionistas, ao delegar o comando, criam espaço para que, em determinadas condições de (má) governança, seus gestores conduzam a empresa em benefício próprio, levando para o brejo todo o rebanho.

Há casos recentes em que os conflitos entre agente e principal ficaram muito famosos e causaram repercussões macroeconômicas – insegurança dos investidores, elevação do risco, capitais retraídos e alterações setoriais. Executivos arruinaram empresas nas quais trabalhavam para ficar ricos. Um caso específico foi mais esquizofrênico: o próprio dono minou a empresa, de alcance mundial, talvez pretendendo levar mais dólares no seu caixão – e compensar o fato de que, no outro mundo, terá que deixar na entrada toda a esperança.

Nesses casos, a solução é mais nítida do que na política: transparência, auditoria, controladoria e governança. A profissionalização e os sistemas de aferição, avaliação e controle, além do compartilhamento de decisões e a alternância legítima no comando, trazem minoração de riscos, pelo menos dos já conhecidos, o que não é pouca coisa.

Essa é uma questão que se pode desdobrar em muitas outras camadas, menos comuns: entre presidente e ministros, entre partido no poder e titular do Banco Central, entre clamor popular e magistrados, entre cotistas e gestor de fundo de investimentos, entre réus e advogados, e até entre nós todos e o treinador da seleção, que supostamente em nosso nome escala – Deus nos proteja! – o Lúcio e o Emerson.

Por fim, cabe sempre, a eleitores e acionistas, fazer valer a lição bíblica de orar e vigiar. E lembrar que, na política, o risco maior, fatal, é do agente: não se reeleger. Na economia, o risco maior, ao contrário, é do principal: quebrar.

Oferta e procura no mercado da corrupção

Gazeta Mercantil, 05 de julho de 2006

Para os que a praticam, a corrupção é só um ágio, o sobrepreço de um bem, serviço ou ato cuja obtenção por vias normais, além de provavelmente ser mais cara, dar-se-ia muito lentamente, ou só parcialmente, ou mesmo inviabilizar-se-ia. Estabelece-se entre as partes que tal obtenção é justa e muito importante para quem paga o ágio. Portanto, não vale o risco de ficar sem o bem, serviço ou ato em questão. E que é igualmente merecido o ágio para quem o recebe, dado o valor do serviço que está prestando e tendo em conta, psicologicamente, que há um reconhecimento tácito de seus méritos e de seus poderes – coisa que o cotidiano, os chefes e o tempo desmerecem.

É uma relação de oferta e procura. A competição, neste caso, se dá entre os demandantes: há mais de um comprador interessado no produto e disposto a pagar por ele a melhor combinação entre o atendimento de suas necessidades e interesses e a eliminação do concorrente, pois o consumo do bem, serviço ou ato é de tipo rival. Ou seja: se um consumidor dele usufrui, outro não pode fazê-lo. Com isso, sua sobrevida ganha fôlego às vezes superior a uma geração. Pensemos numa disputa por grande obra pública, por exemplo. Ou na adoção de leis de incentivo. Para uns, vale a pena pagar o sobrepreço.

Sei que é preciso imaginação para supor coisas como essas, mas acreditem que há países em que isso de fato ocorre.

Do lado da oferta, temos, a rigor, um monopólio. O que, por lógica, encarece o produto – além, claro, do elevado prêmio de risco cobrado pelo ilícito da troca. Só um ofertante (individual ou em grupo) pode assegurar – exceto os blefadores, que vendem o que não têm de fato, mas há sempre compradores também nesse segmento do mercado – a entrega do combinado. Ele pode formar o preço condicionado somente pelo limite do custo-benefício do comprador. Benefícios tópicos e de curto prazo (anúncios, compras) serão mais baratos do que benefícios amplos e duradouros (pareceres, leis, editais, sentenças). Além disso, seu produto é de tipo excludente: ao entregá-lo a um, exclui de seu usufruto ou consumo outro demandante.

Pode haver intermediários nessa comercialização: detentores de relações privilegiadas que valem pela proximidade que mantêm com o decisor e por sua capacidade de influenciá-lo. Eles entrarão no butim, ou no *overhead*, como se diz no moderno vernáculo dos negócios. Isso produz cadeias – calma, falo no sentido figurado – que entrelaçam setor público e privado em formatos localizados (cooptações) ou configurações amplas, com partidos, agências, burocracias, sinecuras e parlamentares ("uma idéia na cabeça, uma Câmara na mão") predominantemente estruturados em torno dos interesses dominantes.

O raciocínio leva à dedução de que a corrupção se instala tanto mais quanto mais particular e específico é o produto em jogo. Bens rivais (do ponto de vista do consumo) e exclusivos (do ponto de vista da oferta) incentivam o ágio proporcionalmente à sua importância e inversamente à sua quantidade. Se os bens e serviços são não-rivais e não exclusivos, ou seja, se seu consumo não impede outro de consumi-lo e se não é possível circunscrever a oferta a um único consumidor, a tendência é não haver ninguém disposto a pagar ágio por eles.

Conceitualmente, estamos no universo dos bens públicos. Ninguém está disposto a pagar ágio para ter defesa militar nacional, instituições políticas e Judiciário. Nem há quem consiga oferecer tais coisas só para um consumidor. Assim devem ser as leis, as sentenças, as políticas públicas, os editais, as licitações, os anúncios, as compras, os incentivos, as agendas das autoridades, os pareceres, as audiências e as decisões públicas. Universais, impessoais, gerais, capazes de beneficiar ou punir diversos atores e setores, tornando desinteressante a um deles pagar mais por algo que todos terão.

Quanto mais dirigida e localizada a decisão, mais fértil o campo à corrupção. Mais tentador fica pagar por ela. Mais recompensador se torna ao ofertante ver sua assinatura ou sua informação valorizada depois de anos e anos de esforço não reconhecido pela burocracia.

Para que não fique a dúvida. Tudo isso pode ocorrer sem que seja entre esfera privada, de um lado, e esfera pública, de outro. Entre atores privados isso também ocorre, como nas escolhas de parceiros e fornecedores, na captação e na aplicação de recursos no sistema financeiro, nas formações de cartéis e até nos preenchimentos de empregos e de cargos executivos. Empresas, famílias, associações e indivíduos se enlaçam em dutos de favores e benefícios que, se não têm como seiva o dinheiro público, igualmente diminuem oportunidades para produtores, consumidores e trabalhadores em geral.

A universalização de regras, critérios e decisões não elimina a corrupção, mas pode coibir o descalabro. A outra opção é a locupletação para todos. E a terceira, fugir da fogueira desvairada – mas sem olhar para trás, para não virar estátua de sal.

A modernização institucional no Brasil

Gazeta Mercantil, 02 de agosto de 2006

Economistas e cientistas políticos têm se aproximado cada vez mais em seus estudos. Mas não todos. A quase contigüidade ocorre com os que – com destaque para a literatura norte-americana – supõem que os atores fazem a todo momento escolhas racionais e que as instituições (leis, contratos, poderes e atas do Copom) condicionam, com prêmios e castigos, o bom ou mau funcionamento da sociedade e da economia. Assumem, claro, que o bom é o livre-mercado e a democracia, desde que esta não se meta a questionar o livre-mercado e os subsídios estatais para os empresários.

Suas linhas de pesquisa recentes registram, porém, como novidade, que, independentemente das mudanças nas instituições e no poder formal, os setores economicamente dominantes logram preservar seu poder de fato. Seja com mais força – com auxílio de organizações paramilitares, lobistas duros e corrupção –, seja com mais jeito – usando a cooptação de legisladores, de autoridades econômicas e de colunistas da imprensa.

Analistas que há muito tempo circulam por literatura mais européia e mais estruturalista desdenham dessas descobertas. Vêem nelas fiapos de concepção tradicional no pensamento esquerdista, que desacredita em qualquer circunstância da isenção do Estado, seja em regimes democráticos ou autoritários. O Estado seria a representação de uma classe; e suas instituições, não menos do que as casamatas dos intelectuais e burocratas orgânicos dessa classe.

Outros, menos esquerdistas, menos estruturalistas e menos europeus, também duvidam das descobertas de ponta feitas pela irmandade do primeiro parágrafo. Enxergam certa autonomia no Estado e nas instituições e, mais até, vêem muitos aspectos da chamada (por outros) superestrutura determinados exatamente por pressões e conquistas dos setores dominados. Dessa forma, situações democráticas e distributivas tiveram lugar histórico na Europa no período posterior à Segunda Guerra, com o chamado *welfare state* e o arranjo social-democrata.

O Brasil, que é trezentos, trezentos e cinqüenta, oferece evidências para múltiplas escolhas: pode-se adotar uma orientação, mais de uma, todas ou nenhuma das anteriores como explicativas das nossas relações entre Estado e sociedade. Depende da dimensão analisada.

No caso da preservação do estoque de riqueza dos ricos e muito ricos, nosso aparato institucional do Estado é um monolito. O combate a questionamentos à estrutura agrária, imobiliária e financeira, feitos por mobilizações organizadas ou por proposições reformistas (via tributária, por exemplo), é desferido sem qualquer pelica.

Quanto à política econômica, há uma pele recobrindo a pedra. Ministérios, secretarias, Banco Central e outros acomodam a melhor tecnocracia para providenciar da forma mais democrática e eficiente que os fluxos de renda deverão permanecer caudalosos e sem diques afluindo aos endinheirados.

Já no Cosme e Damião de benefícios trabalhistas, sociais e assistenciais, a pressão de trabalhadores e excluídos conseguiu furar alguns poros e tirar uns pedregulhos, moldando um pouco das políticas públicas ao longo das décadas.

Não se trata, neste último caso, de nada que se aproxime de bem-estar social. As filas, vilas, favelas, navalhas e metralhadoras cospem por si. Mas não há como negar que, nas últimas décadas (em parte para cooptação, mas para quem é cooptado dessa forma importa a coisa – direitos e benefícios – e não o nome), o movimento sindical, o protesto social, a ação de partidos, igrejas, intelectuais e associações e a indignação pública fizeram com que o Estado se movesse um pouco. A legislação, os serviços e os bens providos pelas instituições públicas melhoraram. Claro, sem limar as pedras angulares do edifício nacional: o estoque de riqueza e o fluxo de renda dos ricos e muito ricos – ou classe dominante, como se diz no exterior.

O terrível, porém, é verificar que a modernização brasileira sempre e cada vez mais se dá somente na segunda dimensão. Nossos processos de geração e apropriação de renda e riqueza contam com instituições sólidas, sofisticadas e eficientes e com técnicos renomados e prestativos, que nada ficam a dever aos teóricos mais modernos da economia e da ciência política no mundo todo. Não se trata, obviamente, de desenvolvimento – até porque nem crescimento econômico real, que é o mínimo que se exige desse fenômeno, temos tido há décadas –, mas de atualização acelerada de instrumentos das elites rumo ao parâmetro dos países avançados.

Nas duas outras dimensões, que, mais do que medir o desenvolvimento, fazem a diferença entre Idade da Pedra e civilização, seguimos primatas. Mas economistas e cientistas políticos não prestam atenção nelas. Vão indo, com as elites, correndo pegar um lugar no futuro. E você?

Crescimento econômico e almoço grátis

Gazeta Mercantil, 23 de agosto de 2006

Durante minhas pesquisas para a tese de doutorado, muitas vezes me pegava, à meia-noite, a ler doutrinas de outro tempo em curiosíssimos manuais, e saltava os olhos para o presente, perguntando a esmo quando o futuro – moderno, civilizado, digno e mais igualitário – chegaria ao Brasil. No denso silêncio só ouvia uma resposta: "nunca mais!".

O corvo que pousou na nossa sorte não é um acaso. É obra de séculos. Monocultura de exportação; latifúndio; escravatura; megaproprietários e megarrentistas que sugam as riquezas e a população em dutos conectados com o exterior e controlam ou exercem diretamente o poder político; desenvolvimento industrial e de serviços concentrado territorialmente e caudatário desses mesmos proprietários e rentistas; elites intelectuais, políticas e militares genuflexas ao poder econômico e político; setor financeiro como maior credor do Estado, maior anunciante da imprensa e grande patrocinador da cultura; empresários dispostos apenas a ficar ricos e deixar de trabalhar; e pobres e remediados condenados a agradecer quando lhes dão trabalho ou esmola. O quadro é longo e complexo, assim como têm de ser as tentativas de superá-lo. Mas tentamos tocar o corvo só no grito, mandá-lo embora, e ele repete: "nunca mais!".

Muitos, por engano ou má-fé, explicam a questão como cultural. Afinal, a herança ibérica do clientelismo, do patrimonialismo, do catolicismo e do tomismo teria nos afastado do mercado competitivo, do empreendedorismo privado, do protestantismo e do empirismo. Com isso, ou com a vulgata disso, conseguem explicar toda a nossa história econômica e política, diagnosticar o impasse da corrupção, da desigualdade e da estagnação das últimas décadas e predizer o futuro. Parte deles, de forma coerente com o diagnóstico, não vê mais saída e faz coro à ave negra e agourenta. Outra parte, porém, esfarrapa a coerência e, desprezando o que seria um enorme atavismo a nos fincar no atraso, prescreve umas reformas supostamente capazes de fazer o corvo ir cantar em outra freguesia.

Em geral, propõem diminuir o Estado, diminuir os impostos, diminuir os investimentos, gastos e despesas públicas, aumentar a poupança privada, flexibilizar o mercado de trabalho, abrir os aeroportos e portos às nações amigas, difundir o ensino do inglês e contratar consultores externos. Isso tudo sem história, sem dor. É assim: um estalar de dedos (*plunct*), outro estalar de dedos (*plact*), e pronto (*zum*)!

Mas desse jeito não vamos a lugar nenhum. Precisamos de pouca instrução para ver que o Estado está em pandarecos e que foi dilapidado pelas elites econômicas e políticas em detrimento da maioria da população. Precisamos de pouca leitura para ver que os investimentos públicos são exíguos, que as despesas e gastos públicos são pequenos em termos relativos e, muitas vezes, as únicas fontes de renda de várias regiões do Brasil e sustentadoras da alimentação de boa parte das pessoas. Dormindo, qualquer recém-nascido sabe que a poupança privada não vira investimento produtivo com a farra dos juros e da importação de espelhinhos de luxo oriundos das nações amigas, franqueada pelo câmbio valorizado. E macacos surdos, cegos e mudos são capazes de entender e descrever a imensa flexibilização, precariedade e aviltamento do mercado de trabalho brasileiro.

Os culturalistas reformistas estalam de novo os dedos e dizem: "ora, não existe almoço grátis!". Com esse xeque querem dizer que alguém tem de pagar a conta, que a renda descobre um santo para vestir outro e que a vida, filhote, é assim mesmo. Além de ideológica – porque explica a economia e a sociedade como inevitavelmente benéficas para quem domina e rudes para quem é dominado –, essa formulação é precária.

Até os primeiros pensadores econômicos modernos, os fisiocratas, no século XVIII, já sabiam que a atividade econômica cria valor e faz aumentar a renda – embora achassem que isso só fosse possível na agricultura. Outros, depois, mostraram que valor e renda se criam no comércio, na indústria, no trabalho, na especulação, na tecnologia, na fama e no direito autoral. Ou seja: economia pode e deve crescer, isso é igual a gerar renda e valor e assim propiciar alguns almoços grátis. Quando alguém recebe renda não quer dizer que retirou exatamente o mesmo montante de outro ou de outros. A menos que o crescimento seja absolutamente nulo.

Tudo bem que a economia brasileira tem se comportado mais ou menos assim há vários anos. Mas não dá para ficar dizendo, com verniz de teoria neoclássica, que, se continuarmos sem ter almoços grátis, tudo dará certo. Aí é que o corvo não irá mais embora. E então nós também o ecoaremos: "nunca mais!".

Economia, política e ideologia

Gazeta Mercantil, 28 de novembro de 2006

Para Eduardo Kugelmas (*in memoriam*)

Trabalho recente de economistas do Ipea – Levy, Paulo Mansur e Villela, Renato (orgs.). *Uma agenda para o crescimento econômico e a redução da pobreza,* Texto para discussão n. 1.234, novembro de 2006 – oferece um conjunto de propostas para, modestamente, salvar o Brasil.

O engenho produziria crescimento econômico anual de 3,9% entre 2006 e 2010, 4,2% nos quatro anos seguintes e 4,7% de 2014 a 2018. A inflação ficaria estabilizada em 3% ao ano. A dívida pública cairia de 50% do PIB para 21% do PIB em 12 anos. Os juros reais encolheriam a 4,5% ao ano, o desemprego, hoje acima de 10%, ficaria abaixo de 4%, a formação bruta de capital fixo subiria de 20% do PIB para cerca de 26% do PIB. Em volta disso, há previsões para praticamente todas as variáveis econômicas conhecidas.

O esforço é meritório. Deve ser lido e debatido por todos os que se interessam pela realidade brasileira. Mas falta a ele exatamente o conteúdo de realidade, que podemos, se nos pusermos de acordo sobre o que move os atores econômicos e classes sociais – e sem reducionismos –, chamar de política. E sobram nele características sempre presentes em trabalhos desse tipo. É salvacionista, voluntarista, totalizante, detalhista e acrítico. Em suma, é um trabalho ideológico.

Ideologia, na sistematização classificadora do pensador italiano Norberto Bobbio, tem um sentido *fraco* e um sentido *forte*. No primeiro, trata-se de conjunto de crenças de atores ou grupos em torno do qual eles se movem politicamente. No segundo, derivado de Marx, é o sistema de valores próprios da classe dominante que ela logra impor à sociedade como falsamente universais. O trabalho em análise acolhe os dois sentidos.

O primeiro sentido porque configura uma cartilha claramente identificável com interesses – legítimos – de grupos empresariais. Em resumo, pressupõe a necessidade das chamadas reformas institucionais para aperfeiçoar as decisões dos agentes. Entre elas, a "mais crítica" seria a trabalhista, que buscaria mais flexibilidade e primazia dos contratos individuais sobre os coletivos. Acho difícil imaginar que as relações de trabalho no Brasil possam ser mais informais e precárias do que têm sido nos últimos anos. O trabalho quer o fim da multa sobre o FGTS nas demissões e a adoção do salário mínimo regional. Acho fácil supor que isso elevaria a rotatividade da mão-de-obra e reduziria o salário nas regiões mais pobres.

O documento propõe corte, em termos reais, de despesas correntes com pessoal e com saúde, por exemplo. Pede diminuição da carga tributária, incentivo público ao ensino e à saúde privadas e focalização nas políticas assistenciais e de transferência de renda – o foco sempre é o indivíduo, nunca as políticas gerais. Defende autonomia total das agências reguladoras e operacional do Banco Central. A liberalização comercial externa, mas para alguns setores. A busca do "déficit zero, ou algo muito próximo a isso" e a obtenção, daqui a cinco anos, de superávit nominal. A reforma previdenciária consta do cardápio.

E o segundo sentido porque se apresenta como tradução do interesse geral ou nacional, sem cogitar que haja grupos econômicos e sociais que podem pensar diferente ou se sentir prejudicados pelas medidas propostas, e que podem e vão reagir legitimamente às formulações ali expostas.

O estudo abarca todas as variáveis, rubricas e segmentos e julga amarrar tudo num ente coeso e orgânico. Um engenho que quase respira e anda. E que não faz menos do que disponibilizar a todos nós "as opções para um futuro mais seguro e justo", salvando-nos, assim, das outras opções, que nos condenariam a um futuro temível.

O voluntarismo é uma das faces do desprezo à política. Apesar de conceder ao leitor a advertência de que "é preciso estabelecer um processo político esclarecido e participativo", o documento não faz senão apregoar a chamada capacidade técnica, a melhor doutrina e a política pública mais adequada.

Desconhece que as instituições e as políticas públicas é que resultam, em grande parte, de embates entre interesses e forças sociais, e não o inverso. Que elas não conseguem se descolar da realidade ou se impor a ela como uma revelação. E que os conflitos legítimos entre ideologias (no sentido *fraco*) diferentes podem até tornar tudo mais demorado, menos faustoso e menos preciso econometricamente, mas que isso tudo tem um nome. É democracia – e este é o melhor dos regimes políticos.

Os custos na atividade econômica

Gazeta Mercantil, 24 de abril de 2007

Simplificando, há três grupos de custos na vida econômica. O primeiro é o dos que integram a atividade produtiva: operacionais e não-operacionais. A gestão deste grupo é vital para qualquer atividade. Mas vamos adiante, que isso até administradores, contadores e economistas sabem.

No segundo grupo estão os que se relacionam à decisão de atuar numa determinada atividade. São eles o custo de oportunidade e o custo-benefício. O primeiro se refere à comparação entre produzir A e não produzir B, dado que B garantiria um retorno mínimo de X, que passa a servir de custo referencial na produção de A. O segundo diz respeito a quanto terá que ser investido para se produzir o maior retorno.

Este grupo define se é viável investir numa atividade e mesmo se vale a pena investir. São custos tanto maiores quanto maior é o capital de que se disponha, uma vez que a abundância amplia o leque de possíveis ramos de atuação. Daí que crescem também os riscos. Tanto para empresas quanto para indivíduos. Exemplo: um profissional dotado de muitas qualificações e de boa reserva de dinheiro dispõe de várias oportunidades de trabalho e até pode escolher se trabalha ou não durante um período. Tirá-lo de casa e do lazer custará caro.

Mas para ele aumentam a ansiedade e o risco de estar num lugar e não em muitos outros.

Com poucos recursos, menos se escolhe do que se é escolhido. O profissional sem qualidades e sem reservas e o investidor de poucas posses não têm muita escolha. Nesses casos, os custos e riscos são bem menores, uma vez que a alternativa seria perecer.

Circunstancial ou historicamente, algumas atividades proporcionam maiores retornos (por serem atividades pioneiras, por distorções do mercado, por auxílio governamental, por práticas irregulares, etc.) e concentram os investimentos. Outras vezes, a remuneração financeira é tão grande que, para quem tem muito capital, não vale a pena produzir, dados os custos e riscos em que incorrerá. Então, só quem tem pouco capital é que terá que ir para a atividade produtiva. É uma espécie de seleção adversa: os grandes capitalistas saem da produção, os pequenos empreendedores ficam. No exemplo do profissional, seria como se os salários no mercado fossem mais baixos do que a remuneração da poupança. Seria melhor não trabalhar. Vão para o mercado os que não têm reservas nem muita qualificação profissional.

O terceiro grupo abarca os custos de transação, os de informação e os sociais. Os de transação são as despesas de processamento, de regras, de despacho, de cartórios, de desembaraço legal. A obtenção de licenças ambientais se enquadra aqui: o custo – em tempo, em incerteza e em adequação – da autorização oficial pode definir a realização ou não e mesmo a viabilidade de um investimento.

Os custos de informação envolvem produtores, financiadores e consumidores. Produtores precisam firmar boa reputação para ter financiadores e clientes: se forem confundidos com maus atores, terão que pagar caro para obter recursos e perderão clientes. Selos de qualidade, *ratings*, garantias, imagem, marca, auditorias e testemunhos são as ferramentas para diminuir esses custos. Financiadores e consumidores fogem do que desconhecem. Em geral se ancoram rápida e fielmente nas grandes marcas: isso lhes poupa custo de se informar e dos riscos da selva de ofertas suspeitas.

Recentemente, ampliaram-se os selos reputacionais, como o de responsabilidade ambiental e social. Com ela constroem-se identidades eficientes para o mercado e preservam-se vendas, créditos e ganhos frente à ameaça da assimetria de informações. E, de quebra, ainda atenuam-se os custos sociais, que são o terceiro item deste grupo.

Se um empreendimento causa danos ao meio ambiente ou a outras atividades ou a trabalhadores e consumidores, ele incorre em custos sociais. Se o ganho dessa atividade não compensar tais custos, ele não deve ser realizado (daí as avaliações ambientais, por exemplo). A depender da relação entre ganhos e custos, realiza-se o investimento, mas o empreendedor deve arcar com os custos sociais, remunerando a sociedade pelo ônus que causa (este é o princípio do crédito-carbono). No fim das contas, ele obtém boa reputação, conquista financiadores e consumidores, garante seu retorno e, mantidos sob controle os custos operacionais e não-operacionais, terá lucros duradouros.

Desde que a remuneração financeira não o convença a não investir em nada e a ficar em casa, guardado por Deus, contando o vil metal.

Oferta, consumo e concorrência

Gazeta Mercantil, 22 de maio de 2007

Aderir e manter-se fiel a uma marca, crença, ideologia, grupo ou conjunto de valores facilita a vida do indivíduo. O ganho principal é o de economizar para se informar: em lugar de ler, estudar, ouvir, questionar, tentar, experimentar, se arriscar e então tomar ou não uma posição, basta estender a mão ou o ouvido, pegar o que já se conhece e propagar adiante.

Com as marcas, esta é uma questão clássica. Numa estrada, para evitar o risco de comida estragada ou sem procedência, o viajante pára para lanchar nos letreiros amplamente conhecidos. Em geral, todos os produtos e serviços investem para obter essa distinção.

Quando se adota um time, poupa-se o esforço de analisar o futebol. O certo está de um lado; o errado, de outro. O mesmo se dá ao se optar por um partido político, que, além disso, simplifica a decisão de voto: a escolha recai naqueles que o partido indica, e as nossas posições nos bares e academias ficam límpidas e coerentes a partir das posições dos nossos representantes. É, aproximadamente, como contratar uma corretora ou um gestor de investimentos para fazer aplicações no mercado financeiro. Ele se informa, faz as escolhas e nos repassa o resultado. Pagamos taxa de intermediação e administração para entrar, ficar e sair sem quebrar a cabeça.

Com ideologias e religiões, entrar, permanecer e sair do jogo é mais complexo. Envolve esforços e investimentos iniciais mais árduos em aquisição ativa ou aceitação passiva de conhecimento transmitido por outrem. Exige práticas sistemáticas de profissões de fé, códigos de conduta, resistência e entrega. Sair também é muito caro. Renega-se quase que a uma personalidade e abre-se mão de um universo que decodifica o mundo, instrui o comportamento, forma a opinião e até reduz a incerteza ao comprar carros, alugar imóvel e fazer compras – os parceiros de grupo são como um guia de referências.

Exceto no caso de times de futebol – mudar de time é sacrilégio que ninguém ousa experimentar ou assumir –, a apostasia ocorre nas ideologias, partidos, religiões e marcas. Perdem-se fiéis, consumidores, eleitores e adeptos. Captar, ampliar e reter a clientela é o principal desafio dos ofertantes. Às vezes, depois de fazer seus negócios crescerem, os produtores não se renovam, ou sofrem concorrência mais competitiva, ou o desejo dos consumidores muda – e lá se vai o público em busca de novo conforto para sua demanda material e suas indagações existenciais.

O apóstata diminui o custo e o risco de abandonar um pertencimento entregando-se rapidamente a outro. O mais comum é que o faça optando por marcas similares, por concorrentes ou substitutos próximos, por valores que não contradigam violentamente sua personalidade ou escolha anterior. Por isso surgem produtos, serviços, marcas, pregadores, líderes e charlatães tão parecidos uns com os outros. Sabem que atuam na mesma faixa e podem a qualquer cochilo do concorrente pegar-lhe não só a rebarba de público mas também o próprio cerne de sua clientela. Vejam-se as ruas em que proliferam lojas do mesmo ramo. Ouçam-se os discursos partidários. Leiam-se os teóricos da política e da economia.

Assista-se às propagandas. Comparem-se produtos. Medite-se sobre as pregações.

Há uma parcela do público, porém, que dá guinadas fantásticas. Trotskistas que viram reacionários (aliás, isso parece freqüente), oblatos que viram ateus, *junkies* que viram *vegans*, estatistas que viram thatcheristas, poupadores que viram investidores, produtores que viram especuladores, trabalhadores que viram rentistas, artistas que viram publicitários, consumidores de uma cesta de produtos e serviços que descambam para outra canastra e, com isso, impõem perdas aos seus fornecedores antigos.

Quando esse movimento ocorre em massa e rapidamente, o fornecedor original quebra. A opção pela mudança pondera, acima de tudo, preço, conforto, qualidade e durabilidade, mas também é influenciada por modas, propagandas, conjunturas, inovações e capacidade de convencimento.

Na economia, o preço é o principal fator para a decisão de se manter fiel a uma marca. Quando a concorrência se dá entre produtos nacionais e importados, pesam decisivamente na formação de preço as tarifas de comércio externo e o câmbio. Não é difícil trocar produtos nacionais por importados mais baratos de qualidade igual ou superior. Trata-se de apostasia das mais veniais. Só que ela causa estrago nos produtores internos e cria nova fidelização, fazendo o público virar seguidor dos novos provedores.

Mantidos os fatores de formação de preço, ao antigo fornecedor resta sumir ou ser incorporado como aliado menor ao novo líder de mercado. Quebras, coligações, alianças, fusões e internacionalizações são os sincretismos a que temos assistido na economia, na política e nas crenças. Pensando bem, acho que até no futebol.

A luta pela vida ou a lei da selva

Gazeta Mercantil, 05 de junho de 2007

Na democracia, políticos correm o risco de não serem eleitos. E eleitores correm o risco de serem traídos por seus representantes. No capitalismo, empresários correm o risco de quebrar. E trabalhadores, de perder o emprego. Todos se dedicam, de variadas maneiras, e com poderes diferentes, a tentar minimizar esses riscos.

Os políticos podem se aproximar cada vez mais de suas bases e de seus temas de interesse e consolidar reputação pública para se manter em atividade. Isso exige dedicação, estudo, sensibilidade. E nem sempre dá certo. Os temas e os eleitores mudam, a boa imagem pública não garante votos. Outro caminho é se valer de apoios segmentados, com financiamentos e pautas específicas de grupos de interesses, às vezes contrários à base eleitoral ou mesmo ao que se toma por interesse público (ou erário).

Este segundo caminho pode render melhores e mais fartas condições para a campanha eleitoral e para a obtenção de cargos, à custa do não atendimento dos interesses da maioria dos eleitores e, às vezes, sob pena de o político freqüentar escândalos e denúncias na imprensa. Pode exigir negociações, posturas e compromissos que diminuem a qualidade da atuação política.

Pode levar a trocas de partidos, a alianças contraditórias e a incoerências – para segurança maior do eleito e desagrado maior do eleitor.

Não são raros os casos de políticos que, depois de mobilizar intensa militância (espontânea ou partidária) e conquistar milhares de eleitores, debandam para outro grupo ou posição. O que está em questão, na visão imediatista que orienta tal comportamento, é sua sobrevivência, ainda que em prejuízo de seus aliados. Lei da selva ou luta pela vida, depende do ponto de vista.

Os militantes e eleitores tentam, com eficácia duvidosa, manter controle sobre seus representantes – e não deixar que seus esforços e interesses sejam traídos – com acompanhamento do noticiário, com cobranças, com manifestações, etc. Mas pouco podem fazer de efetivo ao longo do mandato do eleito. Resta-lhes o enorme poder de não votar de novo no trânsfuga. Só que este pode estar acolhido por novas bases ou, se não for reeleito, ter já acumulado reservas que lhe garantam bom sustento. Morre o político, sobrevive o indivíduo.

Empresários enfrentam o risco de quebrar investindo na qualidade de seus produtos ou serviços, aperfeiçoando as condições de funcionamento de sua empresa, maximizando a satisfação de consumidores e funcionários, perscrutando as tendências de mercado (concorrência, estratégias, etc.), absorvendo, combatendo ou se adaptando às variáveis macroeconômicas. Nem sempre dá certo: o mercado e os consumidores mudam muito, as taxas de lucro podem cair, as variáveis econômicas são inconstantes.

Variações expressivas no câmbio, por exemplo, podem influenciar decisivamente algumas empresas e setores, principalmente aquelas mais ligadas ao comércio internacional.

Subsídios governamentais aos concorrentes, impostos elevados, juros altos, alterações nos padrões de consumo, baixo nível de renda da sociedade, pouca estabilidade institucional – enfim, a gama de fatores de influência é grande.

Já os trabalhadores (os de níveis salariais mais baixos) contam com menos possibilidades de minimizar os riscos – assim como os eleitores no exemplo acima. Podem se dedicar com zelo a suas funções e se tornar necessários por muito tempo. Mas empresas, funções e capacitações mudam. Podem se organizar em sindicatos e tentar obter critérios coletivos e rígidos nos contratos de trabalho. Mas as adversidades econômicas, sejam no plano macro ou no plano micro, em geral obrigam a ajustes no gasto com mão-de-obra. Se não há inflação ou abundância na oferta de mão-de-obra para baratear seu custo real, o ajuste é feito na quantidade de emprego.

As leis, em geral e teoricamente, visam estabelecer regras para que o capitalismo e a democracia abriguem esses riscos sem grandes tragédias coletivas. Há indenizações, punições, prêmios e incentivos para que a luta pela vida não seja subvertida em lei da selva. Todos sabemos, contudo, que, no mundo todo, ao longo da história, o poder de políticos e empresários de condicionar a feitura das leis e sua aplicação tem sido maior do que a de eleitores e empregados. É a vida.

Quando o quadro é de democracia estável e participativa e de crescimento econômico, essa desigualdade estrutural pode ser diminuída. Quando, porém, surgem ameaças maiores à preservação do poder e à manutenção da riqueza pelas elites políticas e econômicas, essa desigualdade tende a ser ampliada – ou pelo menos assim será tentado, por vários meios, pelas próprias elites. É a selva.

A importância da economia e dos negócios

Gazeta Mercantil, 19 de junho de 2007

O mundo da economia e dos negócios é sem-graça. No primeiro, temos atores e analistas. No segundo, atores e consultores. Todos eles incapazes de gerar movimentos, idéias ou gestos de encantamento – ou, dito melhor, de embevecimento. Um achado ou um arrazoado cortante, uma formulação, um jeito, uma técnica, uma idiossincrasia, um estilo, conceitos que iluminam, formas redescobertas – nada disso.

Na política ainda se encontra alguma coisa. Seja nos teóricos, nos analistas, nos personagens ou nos transeuntes. Independentemente do conteúdo. Basta ver o folclore, o anedotário, as grandes obras, os discursos, as gafes, os mitos, os grandes lances e articulações. Basta ver, melhor ainda, que é possível fazer arte (principalmente escrita) e, sobretudo, que é possível fazer humor com a política. À direita e à esquerda, mesmo quando se julgam rigorosos argumentadores, denodados militantes ou nobres cavaleiros, muitos dos que vivem da política são de fino e elevado humor. Quando involuntário, semelham triste figura, gordo escudeiro, óbvio conselheiro. Quando proposital, embevecem.

Mas a economia e os negócios são o túmulo da graça. Claro, há observadores (analistas e consultores) e viventes (os atores) que se encantam com um modelo econométrico como se fosse um texto rosiano. Há os que analisam tabelas do Banco Central como se fizessem exegese de canções do Chico Buarque. Os que lêem manuais de auto-ajuda de executivos (esses de aeroporto) como se ouvissem martelos agalopados do Bráulio Tavares. E os que acompanham a Bolsa e o câmbio como se fruíssem os quadrinhos do Laerte. Há também os que transcendem. Não são raros, por exemplo, os que vêem a evolução econômica brasileira como uma história em que o país de futuro brilhante adormeceu na adolescência ao furar o dedo no fuso da roca – e agora espera o príncipe redentor que retome a epopéia. Por fim, há também aqueles que, viventes ou observadores, andem sobre gráficos e relatórios como quem pisa astros, distraído.

Isso é o de menos. Há casos piores na psiquiatria. O fato é que, exceto por essas alterações, nada na economia e nos negócios produz prazer artístico ou humor. Não há Veríssimos nesse mundo. Há, claro, muitos Charadas: engraçados, carismáticos, sedutores – mas bandidos. Mas não é disso que se trata.

Isso diminui o mundo da economia e dos negócios? Não, nem de longe. Ao contrário, sua importância é cada vez maior e a difusão de seus temas é muito bem-vinda. A derrocada ou desmistificação dos falsos sábios reclusos, a necessidade de antigos megaempresários abrirem capital e governança de suas empresas, a proliferação saudável dos fundos de investimento – que trazem uma espécie de democratização na posse e na gestão do capital –, a secularização dos executivos e consultores que se obrigaram a estudar e a prestar contas permanentemente, o debate aberto e público sobre os dilemas do investimento e do crescimento econômico, expondo as fragilidades e potencialidades do Brasil – enfim, todo o momento de reciclagem pelo qual passam a economia e os negócios no Brasil é extremamente positivo.

Mas não é assim um João Cabral. Não, nem de longe. Nem Nelson Rodrigues, Adoniran Barbosa, Noel Rosa, Caju e Castanha, Mario de Andrade, Machado de Assis. Ou Carlos Lacerda, Leonel Brizola, José Maria Alckmin, Getulio Vargas, Oliveira Vianna, Tancredo Neves, Carlito Maia, Barão de Itararé, Millôr Fernandes.

Por que dizer tudo isso? Primeiro, para, por força do contraste, que finge conduzir à desvalorização de um tema, fazer o contrário: valorizá-lo ainda mais. Ou seja: estamos vivendo processo de grandes oportunidades para a economia brasileira. A superação da inflação, a melhoria das contas públicas, a retomada do investimento externo, a conjuntura internacional e o aperfeiçoamento das regras abrem um campo de escolhas e ações decisivas. Assim também nos negócios. As empresas se abrem, a qualidade da mão-de-obra aumenta, a tecnologia se refina, os mercados de investimentos e de liquidez se espraiam, a responsabilidade social e ambiental vira exigência, o empreendedorismo se alastra, as técnicas de gestão evoluem – tudo de forma a não perder a torrente do novo capitalismo que irriga o território.

Segundo, para reforçar que nem por isso a economia e os negócios conseguirão – na verdade, não devem – gerar artistas e referências culturais, nem extrairão perplexidade admirada diante de estatísticas ou análises de conjuntura, e muito menos enternecerão ou divertirão alguém com equações, teorias, *business plans*, IPOs ou receitas de sucesso profissional. O mundo do enlevamento, do arrebatamento, da graça, da profundidade, é outro. Nem melhor, nem pior. Só outro.

Terceiro, para tentar evitar que se adorem bezerros. Se bem que isto, às vezes, é a alma dos negócios.

Economia, política e seleção brasileira

Gazeta Mercantil, 17 de julho de 2007

Como é sabido pelos torcedores brasileiros, seleção adversa é o fenômeno de reunião, num determinado mercado, em certas condições, dos indivíduos ou bens ou serviços de menor qualificação ou de maior risco do ponto de vista dos seus contratantes.

Na teoria econômica é assim: entre duas partes envolvidas num contrato (comprador e vendedor, acionista e gestor, agência reguladora e órgão regulado, torcida e time, etc.), a assimetria de informações gera distorções nos preços (ou nas remunerações e reputações) que atraem para o negócio os piores bens, clientes ou profissionais e expulsam os melhores, que se recusam a participar do mercado dado o preço ou o risco envolvido.

O exemplo maior é o do carro usado. O vendedor sabe se seu carro é bom ou ruim. O comprador, não. Por isso, este se dispõe a oferecer pouco para adquirir um usado, mesmo que ele tenha acabado de sair da concessionária. Ou: é por isso que aceita pagar bem mais por um zero quilômetro em relação a um seminovo. As garantias e a procedência dão segurança. O usado – mais ainda o seminovo –, ao contrário, gera desconfiança acerca dos motivos da venda. Daí que se rebaixe o preço ofertado pelos compradores.

O resultado é que, num dado nível de preços, avaliado como muito baixo, os donos de carros bons não se dispõem a vendê-los. O mercado fica dominado por carros ruins, para os quais o preço está em bom nível. A isto se denomina seleção adversa: foram escolhidos os piores. E, para piorar, como predominam carros ruins no mercado, o preço tende a diminuir ainda mais. Imóveis e outros ativos estão sujeitos a esse processo.

Bancos correm este risco ao impor altas taxas de juros e exigências duras em termos de garantia e execução de dívidas: os tomadores de boa condição, zelosos de seu nome e de seus recursos, se retiram. Ficam os que precisam muito de dinheiro e oferecem menor segurança, o que aumenta o risco e a incidência de calotes, o que faz subir as taxas de risco, e isso atrai de novo os piores, e sobem os juros, e por aí vai. Pensem na clientela dos agiotas, por exemplo.

Salários também podem gerar essa distorção. Num dado patamar, avaliado como baixo pelos mais qualificados e que têm chances alternativas, afastam-se os bons profissionais e atraem-se os piores. Sem generalizar, é um fenômeno detectável em áreas do serviço público e em muitos setores da universidade.

E há o caso dos planos de saúde. A partir de um certo nível de preço, ele atrai muito mais as pessoas doentes do que as sadias. Como os doentes usam muito mais o plano, o preço tem de subir para fazer frente aos custos, o que afasta ainda mais os que estão bem de saúde e avaliam que não vale a pena arcar com tal despesa. Isso eleva de novo os custos. No limite, o plano terá que praticar preços tão altos que nem os doentes aceitarão pagá-los.

Agrava o quadro outra circunstância. Para evitar o uso abusivo do plano e barateá-lo um pouco, cobra-se, coerentemente, a co-participação do segurado, que é uma taxa por consulta, exame ou outro procedimento. Mas também isso afasta os que se acham bem de saúde e avaliam que o custo do plano não compensa. E, perversamente, intimida a prática de consultas e exames preventivos (que diminuiriam doenças de tratamento mais caro) e aumenta o uso curativo, mais caro e alimentador da seleção adversa.

Reputação é uma espécie de remuneração. Se avaliada como insuficiente para o exercício de uma atividade, não atrairá os que a poderiam desempenhar da melhor forma. Isso pode ocorrer na política. Se a atividade gera mais desgaste do que benefícios, não compensa, para os mais íntegros, se dedicar a ela. Para os que se preocupam menos com a reputação ou vêem nos benefícios disponíveis uma boa paga, a política segue sendo um mercado atrativo. Daí que pode ocorrer de parlamentares, ministros e outros serem predominantemente cidadãos abaixo de qualquer suspeita – o que só faz piorar a reputação da atividade e o círculo vicioso.

Reputação também pode pesar na decisão de aceitar participar de outros grupos. O da seleção de futebol, por exemplo. O desgaste quase certo junto à crítica e ao público, o risco de se contundir e o pouco peso relativo de certas competições podem levar os melhores jogadores a se resguardar e a preferir não participar do escrete. Isso abre espaço para jogadores menos qualificados ou que têm menor reputação a pôr em risco ou para os quais o benefício de vestir a camisa da seleção por alguns minutos vale como trampolim incomparável. O resultado é o ajuntamento de jogadores menos qualificados.

Mas que, diferentemente do que ocorre na economia e na política, em que o resultado do processo será sempre danoso, são capazes de golear a Argentina exatamente para provar que merecem respeito dos adversários, dos torcedores e daqueles mais qualificados que declinaram de participar. Neste caso, bendita seja a seleção adversa!

Economia, desejos e classe média

Gazeta Mercantil, 28 de agosto de 2007

A economia é a produção, a distribuição, a gestão e o consumo de recursos para atender à privação e à opulência. Produtores, distribuidores, gestores e consumidores, em estado de míngua ou de fartura, movem-se todos pela demanda de bens, serviços, imagens e prazeres que satisfaçam sua carência ou ganância. Demanda, nesta leitura, também pode ser entendida como desejo no seu sentido mais amplo: necessidade ou capricho de obter o que preencha uma falta real ou imaginada. Sem o item desejado ou demandado, crescem o risco e a aflição; sua posse produz segurança e alívio.

Daí é fácil deduzir que sempre haverá demanda. E obrigatório acrescentar que ela nunca será satisfeita. Seja da refeição ou do navio montado dentro da garrafa, será preciso sempre nova dose, ou substitutos mais estupefacientes.

Não há mais dúvida sobre a capacidade produtora do ser humano. É impossível citar qualquer objeto demandado pelas mais diferentes pessoas e sociedades que não seja produzido em altas quantidade e qualidade. Mais ainda: mesmo o que não se deseja é produzido. Porque é possível também produzir o desejo de consumir e possuir o que parecia inútil.

Mas a distribuição, a gestão e o consumo são precários. Grandes contingentes de pessoas estão fora do alcance da pletora de bens, serviços, imagens e prazeres produzidos pela economia. Não têm o suficiente nem para satisfazer a sua subsistência. Outros contingentes se entopem de excessos e balançam suas opulências. Em comum, os dois grupos abrigam a insatisfação humana, mas a desconsideram, iludindo-se com o pouco e o muito que têm.

Há uma série de teorias que explicam, questionam ou justificam essa desigualdade. Alguns teóricos põem a culpa na desigualdade original do sistema de produção (dada a propriedade distinta dos meios). Outros respondem que isso é natural e incentiva a livre iniciativa e o suave comércio. Há os que expandem essa desigualdade para os diferentes acessos ao mando político. Outros acham que quem pode mais chora menos. Há também os que acham que a culpa é da política, da imprensa, dos empresários, dos banqueiros, dos atravessadores, dos sonegadores e dos feirantes. Outros, que é da falta de estudo e de empregabilidade e da preguiça dos pobres.

Em geral, os que querem resolver esse quadro vislumbram uma identidade futura entre economia e felicidade, quando todos forem igualmente atendidos pela produção, pela distribuição, pela gestão e pelo consumo. Mas não convencem sobre o modo de o conseguir. Os que não estão nem aí acham que em time que está ganhando não se mexe, que a felicidade é aqui e agora e que o bilhão é seu, ninguém tasca, eles viram primeiro. E não disfarçam o cinismo.

No meio desses pólos há contingentes de pessoas que querem ganhar e pensar como estes últimos, mas morrem de medo de decair ao estado de carência e ter que passar e pensar o que passam e pensam os necessitados. São o que os sociólogos chamam de classe média. Define-os, mais do que a renda, a dupla insatisfação de seu desejo: não têm o suficiente para escapar da carência e da ameaça de declínio, nem o bastante para desfrutar de segurança, confortos e luxos.

Por serem portadores ou vítimas dessa falta duplicada, são os que mais demandam. Movem a economia. Enchem os mercados, as butiques, as feiras, os desfiles, as concessionárias, os pontos de droga, as passeatas, os comícios, os salões, as gafieiras, as óperas, as joalherias, as consultorias, as construtoras, as empresas de segurança, as sapatarias e os botequins. Mas são os mais insatisfeitos. Serão sempre mais frustrados. Produzirão recalcados que se integrarão subordinadamente ao batalhão que concentra riqueza e poder. E recalcados que se misturarão à massa pobre que ignora ou ataca a desigualdade de riqueza e poder. E recalcados que nem sabem o que está se passando. E recalcados que transitam de uma posição para outra – em geral, da segunda para a primeira.

Alguns deles ficam muito cultos, destacam-se no jornalismo, na academia e nos botequins. Outros ficam muito carismáticos, destacam-se na política, nos movimentos e nos botequins. Mas andam todos com dois pires de desejo nas mãos, um na esquerda e outro na direita. Compram, alugam, financiam, pedem, protestam, conspiram, carpem, adiam, bebem – mas nunca se saciam.

O que mais transtorna acerca da chamada classe média é que ela não existe como fenômeno positivo. Ela é só essas faltas, essas ausências. Falta-lhe a carência básica. Falta-lhe o desejo vão do supérfluo. Falta-lhe a satisfação ou a auto-ilusão de saciedade. A classe que porta o grande desejo, dinamiza a demanda e move a economia não existe. Não se explica pelo afirmativo: sua identidade só existe na negação, tanto pelo que lhe falta quanto pelo que não é – e, acima de tudo, pelo que teme ser ou pelo que quer ser mas não consegue.

Deve advir daí a complexidade da economia, da política e da psicanálise.

A economia
e a picaretagem

Gazeta Mercantil, 11 de setembro de 2007

Os picaretas em geral vendem promessa de felicidade, beleza física, moralização política e paz interior. Mas picareta mesmo vende promessa de enriquecimento. Para todos os consumidores – incluindo os picaretas da primeira frase. Afinal, nunca se perdeu dinheiro por subestimar a inteligência e sobreestimar a ganância do público.

Alguns fazem isto a caráter: túnicas, turbantes, algaravias. Pregam o gosto pelo dinheiro. Liberam a alma e a consciência de seus seguidores para ir adiante e encher os bolsos. Seus seguidores confiam mais nas suas falas do que em fluxos de caixa e promissórias vencidas e vão em frente, pelo caminho, de pés calçados com cromo alemão, tão milionariozinhos. Abrem picadas no mercado com foices e relacionamentos. Citam o estudo de Weber sobre a relação entre ética protestante e capitalismo para exibir lustro e boas intenções, mas nem imaginam o que sejam boas intenções, lustro e estudo de Weber.

Outros picaretas, porém, o fazem à paisana. São profissionais com diploma, experiência, inserção e grave conhecimento do ofício. Como se trata de embalar a fórmula do enriquecimento, os economistas, os conselheiros de finanças e os analistas de mercado são os mais proeminentes. Usam ternos, exibem

PowerPoints, dão palestras, publicam artigos em jornais (êpa!) e, sobretudo, escrevem livros. O selo definitivo é o livro.

Não é estranho que nossa cultura valorize tanto o livro. Historicamente, ser alfabetizado sempre foi um privilégio. Que dirá escrever e ser publicado. A glória e o glamour do intelectual, do sábio e do especialista – cobertos pela aura de decodificadores de escrituras – sempre foram almejados pelos que querem desfrutar de prestígio. Não há quem aspire, na maturidade, a praticar uma cirurgia, projetar uma ponte ou obturar um dente. Mas é muito comum desejar escrever um livro. É como uma estátua. Ou uma árvore. Ou um filho. Os picaretas são os que mais fazem uso dessas tábuas sagradas. O livro é o que os engrandece e o que convence os leitores de que seus conselhos são profundos e sofisticados.

No mundo dos negócios, a coisa chega a cúmulos. Prescrições ilógicas, biografias, auto-ajudas, exemplos em parafuso, parábolas, lições basbaques de gestão ou liderança ou comportamento entopem as caixas registradoras das livrarias, das editoras e, como a demonstrar que eles sabem de fato como ganhar dinheiro, mas não exatamente como o dizem, dos escritores desses manuais. Não importa se não são eles mesmos que os escrevam.

O desmascaramento mais competente, iluminador e engraçado desse tipo de picareta está em *Como a picaretagem conquistou o mundo*, de Francis Wheen (Record, 2007). E não só destes. Ronald Reagan, Tony Blair, o aiatolá Khomeini, a Enron, a princesa Diana, George W. Bush, o casal Clinton, Thatcher, Derrida, Lacan, Bin Laden, Antonio Negri, Noam Chomsky, homeopatas, astrólogos e todos os consultores de finanças, ações e investimentos das últimas décadas. Não fica cristal sobre runa. Mas a parte mais saborosa é a que destrincha os livros para executivos, suas lições de sucesso em axiomas idiotas e os fracassos de seus acólitos no mercado real.

Uma das linhas editoriais mais exóticas nesse ramo é a que busca supostos ensinamentos em celebridades históricas para orientar empresários e especuladores. Invocam-se Átila, Ghandi, Aristóteles e até – o charlatanismo não é uma ciência exata, mas deveria guardar alguns limites – Confúcio, Moisés e Jesus como paradigmas da arte de ganhar dinheiro.

Há um livro brasileiro que, mesmo não sendo de auto-ajuda nem se inscrevendo na linha dos ensinamentos de como ganhar dinheiro, me vem à mente como exemplo de estudo cujo conteúdo passa perto das analogias despropositadas. Longe de ser picareta, economista brasileiro qualificado e de renome se debruça sobre a obra de Fernando Pessoa, o maior poeta de Portugal, com obra de extrema complexidade interpretativa, para espantosamente descobrir em seus inodoros escritos de contador uma suposta validação da economia clássica, ou neoclássica, ou neoliberal – pode escolher. É como se no futuro alguém se debruçasse sobre as músicas do Pelé. Quer ver no ramerrão de um contador (era preciso ganhar a vida de algum modo, afinal), cuja identidade (ou muitas) é literária, a comprovação de suas teses econômicas. Poderia ter usado qualquer escrito de qualquer contador, administrador ou economista. Mas usa Fernando Pessoa com o risco de quem usa Confúcio, Aristóteles e Ghandi nas picaretagens de auto-ajuda empresarial.

O livro de Francis Wheen eu recomendo. Este outro, não. Nem dou as referências que é para dificultar que se o encontre. Sancho Pança diz a certa altura, tentando evitar outra ação desmiolada de seu amigo: "se é bem, que para todos venha; se mal, para quem o for buscar".

Interesses públicos e privados

Gazeta Mercantil, 09 de outubro de 2007

A orientação para o político é guiar-se pela ética da responsabilidade, não pela ética da convicção. Quanto mais a política se moderniza e quanto mais crescem os controles democráticos sobre a atividade pública, mais essa orientação é seguida. Em resumo, trata-se de não agir ou decidir pelos valores individuais ou predominantes (moral), mas sim pelo interesse público (política).

Não dar emprego a parentes ou amigos mesmo que eles necessitem, mereçam ou exijam. Assinar leis que prejudiquem setores que o elegeram se isso beneficiar a maioria da economia e da sociedade. Reduzir os juros mesmo se isso for ingratidão com quem lhe deu ou dará emprego. Multar e prender sonegadores ainda que eles freqüentem as mesmas associações e clubes que sua família. Não aprovar estradas e obras ao lado de propriedades suas ou de seus amigos se o único resultado for a valorização desse patrimônio. Não validar créditos, fundos e títulos micados logo depois de conhecidos seus se empregarem em empresas e fundos que detêm ou acabaram de adquirir um estoque desses micos. Ser isento. Universalista. Doa a quem doer – ou a quem doou.

Aperfeiçoou-se muito a prática política no Brasil nesse sentido. Imprensa, Judiciário, Legislativo, órgãos de fiscalização, controle e denúncia são incentivadores dessa melhora. Há, mesmo, no setor público, até algum constrangimento em tomar certas decisões corretas e ousadas por temor de, indiretamente, sob má interpretação, parecer que há beneficiários específicos. Não em todo o setor público, sabemos. Há setores em que o constrangimento é o de parecer que se está agindo eticamente: a desfaçatez é tamanha que os honestos passam a ter vergonha de ser idiotas.

O quadro no setor privado, diferentemente, merece alguma reflexão. Empresas, bancos, negócios, investimentos, empregos, contratos – são tantas e tão grandes as relações, são tantos e tão diversos os atores e interesses envolvidos, que talvez valha perguntar se as éticas da convicção e da responsabilidade chegam a ser uma dimensão válida de análise desse universo. Tradicionalmente, julga-se que não. Alega-se que são recursos privados, não oriundos de impostos, que dizem respeito só aos que os ganham ou os perdem.

Sei, sei. Como se não houvesse nenhum rebatimento com os negócios públicos. Como se muito da energia privada não estivesse conectado com licitações, leilões, regulamentações, normas e participações do setor público. Como se, no que economistas privatistas costumam chamar de custos sociais, os ônus ou arbitragens gerais de ganhos e perdas não fossem influenciados por arranjos, posturas e sinalizações privadas.

A menos que se julgue que alguém pode queimar o próprio dinheiro, ou sair fechando todas as suas empresas e demitindo todos os funcionários de uma vez, ou exportar e vender a qualquer preço, a menos que se aprove isso como vício privado que gera benefício público (um auto-engano rentável para quem os defende), as ações privadas têm sim rebatimentos públicos. A economia e a sociedade são teias que sustentam quem as constrói.

O parágrafo anterior não deve ou não deveria boquiabrir ninguém. Virou convencionalismo mesmo entre os modernos economistas que não sabem o que é orçamento público. Portanto, há sentido em discutir qual o padrão de comportamento dos atores privados quando ele impacta – pedra no lago ou fagulha no palheiro – a rede econômica e social em que nos penduramos todos.

Age-se pelo interesse geral a cada decisão no setor privado? Há o primado da impessoalidade, do universalismo, do critério técnico, da justiça e do não favorecimento nos negócios, movimentos, escolhas e arranjos dos atores privados? Pensa-se no melhor efeito em termos gerais? Há discussões complexas sobre isso e que já geraram teses merecedoras de Prêmio Nobel. O ator privado racionalmente busca sempre maximizar seu ganho, seja em consonância com o setor público, seja apesar dele, ou seja ainda contrariamente a ele. O mesmo vale se trocamos setor público por interesse público. Há quem diga que é essa a beleza da coisa, o que gera a harmonia da orquestra. Há quem ache que não, que é preciso pauta e maestro.

O fato é que é muito comum tomar conhecimento de arbitrariedades em decisões grandes e pequenas de atores privados. Benesses generosas com fornecedores, investidores, investidos, compradores, empregados, sócios, parceiros, financiadores e até com parentes necessitados – com efeito danoso para indivíduos, grupos e comunidades inteiras preteridas em cada uma dessas respectivas esferas.

No geral, talvez seja a ética da convicção a que predomina no setor privado, uma vez que, nessa dimensão, moral e interesse são necessariamente particularistas e se fundem num único princípio, que é o de ganhar o máximo de dinheiro. Ou, aranhas pendidas na teia geral, com as bocas muito abertas, comer o máximo de moscas.

Feriados, economistas e politólogos

Gazeta Mercantil, 20 de novembro de 2007

Bastiões do culto ao trabalho geralmente são empresários bem-sucedidos. Vangloriam-se da falta de férias e atacam o suposto excesso de feriados no Brasil. Quando preciso, com dois torrões de açúcar encontram uns economistas que calculam o impacto negativo de uma folga dos empregados no PIB. A econometria quase sempre tem sido amestrada pelo senso comum dos bem-sucedidos – denominado, por literatura mais clássica, de ideologia; e, por John Kenneth Galbraith, de sabedoria convencional.

Mas feriadões e férias geram gastos, produção, emprego, renda e dúvidas. Revisão do carro, passagens de ônibus e avião, combustível, alimentação, imóveis, picolés, bebidas, bronzeadores, pneus, imóveis, hotéis, roupas, shows e questionamentos íntimos quanto à qualidade do emprego, da vida e dos patrões. Esta última parte é a que alguns politólogos – aqui, em lugar de açúcar, usam-se lentilhas – chamam de preguiça atávica dos brasileiros.

Irrita a parte dos nossos setores dominantes que haja limites nas jornadas de trabalho, descanso semanal remunerado, férias remuneradas, aposentadoria remunerada e até trabalho remunerado. Suspiram pelo tempo em que, por açoite e pouca paga, a mão-de-obra se contentava em trabalhar e obedecer. Hoje, só contam com alguns econometristas e politólogos.

Por isso os incomoda, ou cansa, que a mão-de-obra viaje para relaxar, se divertir e pensar na mediocridade do seu emprego e do seu salário. Ainda mais num feriadão que começa na comemoração da República – à qual se vinculam a idéia de democracia (ou ao menos a de Estado não-patrimonialista) e o processo histórico de abolição da escravatura – e termina na comemoração da consciência negra.

O ócio, o lazer e a preguiça são extremamente ricos em termos econômicos, pessoais e intelectuais. Pensemos na *Ideologia Alemã*, da Karl Marx e Friedrich Engels. No *Direito à Preguiça*, de Paul Lafargue – genro de Marx, que não gostava dele em grande parte por ser negro, vejam só! E em vulgatas mais modernas, como O *Ócio Criativo*, de Domenico de Masi. Em todos os casos, trabalho, alienação e dominação econômica aparecem associados. Conhecimento e tempo livre se associam, diferentemente, a liberdade econômica, política e pessoal.

Eis exemplos mais concretos. Empresas que dependem do conhecimento detido por seus funcionários (a informática, as consultorias, a informação, as artes e o entretenimento são típicos) dão a eles liberdade de horário, de processo, de vestimenta, de local e até de metodologia de trabalho – e pagam bons salários, tanto maiores quanto mais importantes sejam os seus conhecimentos. Primeiro, porque dependem deles visceralmente: se eles saírem, babau! Segundo, porque eles produzem em tempo integral e não só no trabalho. E, terceiro, porque a rentabilidade que o conhecimento traz é gigantesca – basta lembrar quanto andam cobrando por uma consultoria.

Nos setores em que a mão-de-obra é quase uma máquina, uma ferramenta ou uma pilastra do galpão de produção, em que o conhecimento do processo é dos proprietários do negócio, ai dos empregados se não fossem a abolição da escravatura, as leis trabalhistas, o movimento sindical, certas idéias humanitárias e a necessidade de manter vivos os operários e os consumidores! Não haveria a Abolição, nem a República, nem feriadão e muito menos dia de consciência negra. O ritmo lá é duro, os salários são ruins, os horários e demais condições são os mínimos exigidos. Falo em regra geral. Há os bons selvagens. E há a oferta e a procura no mercado de trabalho, que podem, em alguns casos, melhorar a salubridade do trabalho.

Além de gerar externalidades, conforme dito no segundo parágrafo, fins de semana, feriados e férias – os ócios do ofício – são geradores de postos de trabalho nas próprias unidades produtivas dos empregados que os usufruem, dada a necessidade de se manter a escala da produção. Assim também pode ser entendida a limitação e mesmo a redução da jornada laboral, que permitiria, no mais, para os que o quisessem, dedicar-se à ampliação de conhecimento (em informática, artes, educação, etc.) e à obtenção de melhores condições de trabalho. Incluindo economistas e politólogos.

Ensino e aprendizado de economia e ciência política

Gazeta Mercantil, 15 de janeiro de 2008

Ensinar economia é difícil. Aprender é mais fácil. Só que, ao contrário do segundo, o primeiro não dói. Já a ciência política é o inverso: fácil de ensinar, difícil de aprender; e ambos são indolores.

Para ensinar economia, é necessário possuir alto grau de abstração, larga abrangência de conhecimento e bom domínio de técnicas diferentes, uma vez que se trata de ciência vasta e profunda. Por isso, em geral o curso atrai estudantes que não sabem que faculdade querem fazer ou que pretendem entender rapidamente o funcionamento do mundo – os mais sinceros querem só consolidar o que já têm certeza de conhecer.

Eis o primeiro problema: lidar com esses estudantes para que eles desçam aos fundamentos, esqueçam a auto-suficiência e adquiram cuidados e capacidades para vôos seguros. Daí a abstração, a abrangência e as técnicas.

É preciso abstração para expressar em modelos (sejam os estáticos e numéricos, sejam os finalistas e literários) os comportamentos e interesses humanos, individuais e coletivos, ditados pela busca da sobrevivência e/ou da acumulação de riqueza. Não é menos do que tentar captar e repassar o que mais se aproxime do moto fundamental dos terráqueos, substrato de seus milhares de arranjos sociais na história e no espaço. Você tem razão: supondo que tal moto exista.

A abrangência é óbvia se dimensionamos o parágrafo anterior: produção (agricultura, mineração, extração, transformação), distribuição (transportes, infra-estrutura, logística, comércio, serviços), consumo e poupança/investimento envolvem praticamente todas as atividades humanas. Requerem conhecimentos em ciências exatas e humanas e devem ocorrer com baixa inflação, gerando emprego, remunerando os investidores (na produção e nas finanças), assegurando recursos para os bens públicos e preservando alguma dignidade na distribuição de renda e relativo equilíbrio nas contas públicas. Você aí no fundo, o que disse? Sim, tem razão: também sem poluir e conservando a natureza. Daí também o estudo de alguma biologia.

Domínio de técnicas é tornar isso tudo aplicado à vida prática e profissional. Econometria, projetos, finanças, macroeconomia, administração de empresas e políticas públicas devem se transformar em ofícios – assim como a preocupação com o desenvolvimento sustentável, bem lembrado.

Difícil, não? Mas não causa dano interior. Antes, ensinar traz prazer e recompensas – espirituais, porque o salário é baixo. Mas aprender tudo isso é bem fácil, exceto se o sujeito quiser vir a ser professor na área. Basta ir ao mercado. Viver. Ser empregado, desempregado, analista, empresário, investidor, servidor público, dona de casa, assessor de ONG, sindicalista, consultor e se ver na luta pela sobrevivência ou pela expansão da riqueza – em ambos os casos, visando à preservação e à reprodução individual ou coletiva. Às vezes atuará como nos modelos estáticos, às vezes como nos finalistas; às vezes como aritmética, às vezes como literatura. Mas aprenderá. Quase sempre, com muita dor.

Ciência política é moleza de ensinar. Prestem atenção: para aumentar suas chances de sobreviver e de acumular riqueza, indivíduos e grupos procuram deter controle sobre as decisões gerais que influenciam a produção, a distribuição, o consumo e a poupança/investimento. Podem obter e manter esse controle de forma autocrática ou democrática, sozinhos ou em alianças, adotando decisões mais egoístas ou mais altruístas, fazendo uso de maior ou menor força e valendo-se de mensagens explícitas ou implícitas que encubram o fato de que eles estão no comando – tudo dependendo do risco que correm de outros indivíduos e grupos lhes tirarem o controle das decisões.

Aprender isso é que é dureza. Mesmo quando tudo explode de óbvio na nossa frente. Mesmo quando as provas são com consulta. Para aprender, não é preciso ter abstração de pensamento, abrangência de conhecimento e domínio de técnicas. É preciso muito mais: não crer em nada, a começar pelos professores de Economia e Ciência Política. Não crer em você. Não crer nem nos próprios olhos.

É difícil. Mas não dói. Vá tentando.

Dois arquétipos literários na economia e na política

Gazeta Mercantil, 06 de fevereiro de 2008

Para quase tudo, podem-se escolher arquétipos. Na análise econômica e na ciência política, é até comum. É arbitrário, pouco científico, mas diverte. E ajuda a observar, desconfiar, questionar e desmistificar. Uma propedêutica do criticismo, para usar a linguagem do povão.

É diferente de formular modelos explicativos ou padrões de ocorrência de fenômenos que supostamente se repetem e dão conta de tudo. Em geral, eles são também arbitrários, pouco científicos, mas aborrecidos. E não ajudam – diria que atrapalham – o senso crítico, por terem pilares *ad hoc* e pretensão atemporal.

Mas é o que mais se vê. Basta uma crise econômica, uma transição política e lá vêm os sabichões subindo a ladeira. Haveria, para eles, um modo de sair de ditaduras, haveria um tipo de industrialização, haveria um padrão de revolução burguesa, haveria um processo de consolidação institucional, haveria pretorianismo, haveria americanismo, haveria um sistema de relações entre massa, instituições e líderes, haveria um modelo de modernização produtiva, haveria um caminhão de outros haverias.

Pode ser. O chato é que essas explicações não só comumente deixam expostos a bainha, o pesponto e o chuleio – e que o molde foi tirado de acordo com o manequim –, como querem encontrar as razões de tudo: fracassos, sucessos, culturas, resultados eleitorais, quedas na Bolsa e inflação.

Pior ainda é o que não mostram. Trazem embutida a concepção do que seria o melhor, em termos absolutos, na economia e na política, cujas formas ideais estariam em sombras na caverna – sendo os processos reais distorções desse mundo ideal. Os modelos não fariam senão medir-lhes a distância em relação à verdade. E o sabichão, lanterna em punho, sai à cata de amostras dela onde os comuns não as vêem. No mundo acadêmico, por exemplo, há quem as veja em qualquer anotação, de qualquer natureza, de qualquer escritor.

Mas lá vou eu escolher uns arquétipos. Para diversão e crítica. Aproveito o gancho e vou de literatura. Machado de Assis, Mário de Andrade e Guimarães Rosa criaram personagens que, em pares, podem representar tipos de *homo economicus e homo politicus*. Acho que é exagero. Melhor deixar por menos: homens de negócios e políticos. Está de bom tamanho.

De um lado, Brás Cubas e Macunaíma. Na economia e na política, são frios, seguem sua própria lógica, maximizam sua busca de resultados seja a que preço for, vão da indiferença à guerra. Atuam pela ética da responsabilidade, adaptando-se ao que for preciso ou ultrapassando o que lhes barre o caminho. Pensemos no mercado financeiro: atores capazes de decisões duras, às vezes questionadas, e de apostas variadas ou mesmo contraditórias. Pensemos igualmente nos políticos pragmáticos e seus discursos, suas alianças, suas mutações, seu norte no poder.

De outro, Bento Santiago e Riobaldo. Nas duas dimensões de ação, são hesitantes, pusilânimes, deixam-se levar por circunstâncias, opiniões, intuições, obsessões, mortificam-se, vão da bonomia à perversidade segundo a ética da convicção. Buscam seus ganhos iludidos de que os merecem, mas tremem quando o futuro lhes parece próximo e ameaçador. Pensemos na infinidade de negociantes e políticos obscuros ou fugazes. É certo que, com um empurrãozinho psicanalítico, descambariam para o primeiro tipo, mas não o fazem. Só quando não tem ninguém olhando.

Um apressado, fazendo uso de taxonomia comumente tida como norte-americana, acharia que os primeiros são os vencedores e os segundos, os perdedores. Nananina. Os primeiros em geral obtêm mais dinheiro, mais votos e mais notoriedade. Os segundos, menos. Mas, de modos diferentes, todos perdem.

Os segundos, mistos de Bentinho e Riobaldo, perdem no início, no meio e no fim. Não emplacam, não se (re)elegem, se isolam, decaem, se frustram, não frutificam. No máximo, produzem memórias cheias de fatalismo e de condicionais. Já os primeiros, conjugação entre Brás Cubas e Macunaíma, perdem no fim. Crescem, brilham e usufruem, mas terminam com a fundada sensação de que não deixam nenhum legado.

Talvez, no fim das contas, o único vencedor seja outro arquétipo – J. Pinto Fernandes, que nunca entra na história.

Consumidores, produtores e inteligência de mercados

Gazeta Mercantil, 26 de fevereiro de 2008

Consumidores e eleitores enfrentam o problema da desinformação e da incerteza. Não sabem se o que lhes é oferecido é de boa qualidade. Ou se é o melhor que poderiam obter pelo preço que pagam. Podem diminuir esse problema recorrendo a indicações, guias, garantias, marcas, reportagens, ideologias e idiossincrasias.

Estas duas últimas os eximem de pesquisar, ler, analisar e escolher. Adotando determinadas preferências e comportamentos, algumas pessoas barateiam seu custo de escolha. Os que fazem uso de pesquisa, depois desse custo inicial costumam se apegar às escolhas feitas para não as ter que repetir a cada rodada. Filósofos da administração e do marketing chamam isso de fidelização.

Para os vendedores de produtos, serviços e candidaturas existe outro tipo de problema, articulado com aquele. Como conhecer e conquistar as necessidades e preferências dos consumidores e eleitores? Como fidelizá-los? A fase de oferecer garantias, selos, prêmios e prestação de contas é posterior ao problema fundamental: do que o público precisa? Quanto ele está disposto a pagar? O que influencia sua decisão de compra e sua escolha? O que o faria mudar de posição? Como renovar e manter suas decisões e escolhas?

Há um campo ainda mais sofisticado nessa epistemologia: como criar necessidades? Como produzir e vender coisas para as quais não há utilidade aparente? E por aí seguem as dúvidas, num rol extenso como os de Sócrates, mas que, ao contrário das sabatinas deste, concluem que sempre é preciso e possível consumir mais.

O que está dito não tem intenção negativa. Os dois vetores (diminuição da incerteza da demanda e conhecimento do público-alvo da oferta) têm contribuído para melhorar a qualidade da produção e do consumo. Assim como consumidores e eleitores intensificam a pesquisa informacional, produtores recorrem a ferramentas científicas de prospecção, diagnóstico e projeção. O resultado é majoritariamente virtuoso. Os requisitos de qualidade são cada vez maiores e mais respeitados, sob pena de sanções institucionais ou reputacionais extremamente caras – ou mortíferas.

Do lado da demanda, agregamos o conjunto de comportamentos de redução de incertezas sob o título de direitos do consumidor/cidadão/eleitor. Do lado da oferta, a redução de riscos vem sob a classificação de inteligência de mercados. Perfis demográficos, estratificação de renda, idade e escolaridade, padrões de consumo, elasticidades, preferências objetivas e subjetivas – enfim, mapas complexos podem ser mensurados para subsidiar a decisão de produção e de candidaturas.

Ponderando-se adequadamente as principais variáveis, evitam-se erros importantes. Claro que correlações falsas levam a decisões falsas. Nem sempre a falta de oferta anuncia mercado potencial – a ausência de bicicletarias em Ouro Preto é bom exemplo. E nem sempre o excesso de oferta tria os melhores e cerceia novos ofertantes – a profusão de livros de administração e marketing serve de incentivo.

Numa escala mais abrangente, grandes investidores também fazem uso de instrumental parecido. Bancos de investimento, fundos de pensão, agências de fomento e outros, com carteiras numerosas, caras e de longo prazo, precisam perscrutar os setores, empresas e empreendimentos em que investem. Nem sempre bons números sustentam setores de grande futuro. Só para ficar em exemplos passados (outro dia mesmo): VHS, máquinas de escrever elétricas, fax, caçadores de marajás. E nem sempre setores profícuos abrigam empresas rentáveis no curto prazo: tecnologia, genética e fármacos são paradigmáticos.

As análises de inteligência de mercados são cada vez mais robustas e precisas. Vão desde a macroeconomia e a sociologia até a detalhes do produto. Passam, claro, pelo estudo do setor, do *benchmark*, do custo de oportunidade, do fluxo operacional e financeiro esperado e de muitos outros aspectos.

Obviamente, não evitam que se lancem maus produtos e candidatos. Também não conseguem antecipar todas as possibilidades – a inovação é sempre o grande motor, seja pelo lado da demanda, seja pelo da oferta. Tampouco explicam produção e venda de produtos e políticos absolutamente insólitos ou supérfluos – sempre há mercado para praticamente tudo.

Até, talvez, para coletâneas de artigos de economia e política.

Os discursos de economistas e cientistas políticos

Gazeta Mercantil, 20 de maio de 2008

O analista econômico tem o discurso da autoridade, mas não aquela de origem divina. Seu argumento finca pilastras no conhecimento que julga ter sobre relações, fenômenos e variáveis tomadas como científicas e que ao interlocutor diminui desconhecer. Ele invoca, com a intimidade dos "como se sabe", "dado que" e "não se deve desconhecer que", fundamentos inatacáveis e os encadeia com elos racionalistas tais quais "portanto", "daí que", "disso deriva necessariamente que" e "a conseqüência lógica disso é que". Porta-se, na interpelação, como um engenheiro explicando a ponte: há um método para fazer vigas, ele requer elementos obrigatórios de sustentação e estes condicionam o resultado necessário – a razão e o conhecimento ligam as duas margens.

Como supõe conhecimento e racionalidade, o discurso do analista econômico precisa ter o interlocutor na conta dos que estão aprendendo ou sendo corrigidos. Ele sempre fala com esses dois ouvintes: o colega de profissão que está cometendo erros práticos ou teóricos e precisa ser chamado às falas; e o leitor comum que assiste à sua exibição. Ambos deverão ser impressionados e convencidos. Não cabe dizer "eu prefiro", "eu acho", "fulano é uma besta quadrada". É tijolo com tijolo num desenho lógico: como se sabe (ou dado que, ou não se deve desconhecer que), tijolos são peças que erguem muros. Portanto (ou daí que, ou daí deriva necessariamente que, ou a conseqüência lógica disso é que), empilhados do modo canônico (afinal, não cabe heterodoxia na construção civil), resultarão em muro.

O discurso do analista político está muito distante disso. Pode ser lido com o óculo que Umberto Eco empregou na exegese de alguns autores (Marshall Mcluhan, principalmente). É o *cogito interruptus*. Apesar de preservar a tribuna da autoridade de quem o emite, o discurso baseado nesse método não adota fundamentos inabaláveis nem pressupostos científicos. Cuida, antes, de perscrutar, coletar e enumerar sintomas, sinais, indícios. E muito menos – e isso lhe dá o apodo – se ocupa com uni-los por qualquer relação que precise ser relembrada ou indicada. Não. Nunca se encontram os "portantos", os "conseqüentemente", os raciocínios que se iniciam com o "dado que", passam pelo "observando-se que" e chegam ao "concluímos que" – entremeados por alguns "apesares" e "todavias". A sintaxe lógica e racionalista que une tijolos e vigas em muros e pontes e coordena orações no argumento do analista econômico desaparece no argumento do analista político. Ele diz que há duas margens. A ponte a faz quem quiser ou puder.

Enumeram-se fatos. Às vezes – apurei – em formato jornalístico. Às vezes – cá entre nós – desvendando bastidores. Às vezes – soubemos – insinuando informação privilegiada. Às vezes – que se dane – irresponsavelmente. São frases que, além de evitar conexões entre si, fogem de qualquer configuração conclusiva. O problema – a argúcia, a lâmpada sobre a cabeça, a pulga atrás da orelha – é do leitor. Ao modo de sábios ou loucos que mostram garranchos e com o olhar perguntam: "percebe?".

O discurso do analista político não culmina com um esforço de convergência. Em geral, seu absenteísmo argumentativo inicia o último parágrafo com o "tudo somado" seguido de algumas ilações. Que não se o acuse de afirmar isso ou aquilo. De estabelecer vinculações. Nada disso. Ele apenas aponta os sinais visíveis e ocultos, põe-nos a pensar e, com o semblante de cúmplice, indaga: "percebe?". Mas também não se negue a ele, no futuro, o mérito de não ter previsto o que se passou. Ele avisou. Fomos nós os piores cegos.

O *cogito interruptus* visto no conjunto dos analistas políticos é como um enorme falatório entre mudos. Sinais transbordando sem preposições, intransitivos. No limite é o antiargumento, o antidiscurso no sentido racionalista. Já a interlocução entre analistas econômicos é entre tribunos eloqüentes, que dominam gramáticas e algoritmos. Mas que são surdos. Não registram nem ruído da argumentação um do outro. Voltam, na réplica, na tréplica, exaustivamente, a construir e a exercer seu discurso. É, no limite, o discurso do discurso.

Que só pára quando alguém se cansa e fulmina: "fulano é uma besta quadrada".

Economia e política: mulheres, dinheiro e poder

Gazeta Mercantil, 10 de junho de 2008

As mulheres movimentam a economia e a política. A começar pelo que se poderia chamar, em certa leitura, de motivação atávica, que faria os homens tentarem ser importantes e ricos para impressioná-las. Para os machos, ter recursos financeiros e de poder garante a própria sobrevivência e pode atrair as fêmeas – que, por circunstâncias variadas, que vão da menor força física à discriminação, estão mais distantes desses recursos e buscam minimizar as ameaças. Isso é arquetípico. Não vá sair testando a afirmação acima e as que virão.

E também pelo que tem sido, na verificação moderna, uma maior dedicação feminina ao consumo. Dos artigos essenciais à sobrevivência (casa, comida, agasalho) aos itens supérfluos (cachepô, horóscopo, vison); da segurança e conforto da família à estética (roupas, corpo, enfeites); da educação e saúde da família (sobrevivência da prole) ao lazer dela e dos seus – a mulher é quem tem tomado a iniciativa ou a decisão pela compra da maioria dos bens e serviços. Também quando se trata do consumo dos demais membros da família, seja de provimentos ou de supérfluos. Gênios da publicidade e das vendas vivem disso.

Para melhor localização social, usei exemplos das classes medianas. O fato é que, ao menos empiricamente, a força que lança, mantém e dinamiza a produção – do impulso básico de sobrevivência e reprodução ao coquetel de frutas com guarda-chuvinha colorido, da poupança preventiva aos programas de auditório, do investimento prudente às novelas, dos planos de saúde e de aposentadoria aos *fondues* – tem sido, predominantemente, a mulher.

Para melhor localização histórica, os exemplos são do capitalismo industrial. Aqui talvez se abram espaços para análises sobre as relações entre o ingresso da mulher nos mercados de produção, trabalho e consumo e a produção variada de bens e serviços. O mercado de trabalho, ao menos, merece discussão. A ocupação de postos de trabalho assalariados possibilitou à mulher maior autonomia financeira, e talvez daí a maior igualdade na relação entre gêneros, ajudou a humanizar as condições de trabalho (jornada, instalações, respeito) e elevou a renda média familiar quando ambos os cônjuges trabalham. Mas terá contribuído para a redução de salários em certos segmentos, por uma relação de oferta e demanda de mão-de-obra?

Pode ser coincidência, entre aspas (pronuncia-se "coincidência"), mas é observável em muitos casos a substituição, com redução de salário, de mão-de-obra masculina por feminina. Também em alguns postos em que os gêneros vieram a dividir as ocupações, a ameaça de substituição (exército de reserva, assim como contingentes de imigrantes) pode ter contribuído, em contexto de não expansão dos empregos, para a redução dos salários médios dos homens. Claro, tudo isso depende de níveis educacionais, nível de atividades, contingentes demográficos, situações históricas. Como bem adverte o economista

Bernardo Macedo, as mulheres foram ao mercado, no pós-guerra, por falta de mão-de-obra durante a expansão industrial e nesse período os salários médios se elevaram nos países em crescimento. Mas há pistas interessantes nessa discussão, sobretudo quando o quadro é de algum desemprego.

Quanto à política, além de o poder facilitar o acesso a recursos, talvez haja nele algum fetichismo – tem de tudo neste mundo – que atrai homens e mulheres. O importante, porém, é que o ingresso das mulheres como votantes e eleitas talvez guarde relações com a ampliação da democracia: a expansão de direitos e liberdades não terá sido – isso é óbvio – iniciativa de homens e mulheres dominantes nem só de homens dominados, que em muitos casos talvez preferissem apenas tomar o lugar dos opressores na mesma estrutura de dominação. A ascensão econômica, política e social das mulheres e sua busca de proteção e bem-estar próprio e da família talvez tenham feito rachaduras no bloco de poder que funda as dominações autoritárias.

É só uma hipótese. O gênero não define posturas políticas. Estava aí a Margaret Thatcher outro dia mesmo.

Quem quiser que conte outra

1. O risco-país é uma espécie de cachê da globalização, que faz curtas temporadas, mas exige camarins de luxo, nativos abanando seu rosto e ofurô com pétalas de dólares. Os economistas do mercado acompanham a tabela de preços do cachê e, com base nela, ficam prevendo que tudo vai dar certo ou que tudo vai dar errado. Os economistas do governo, por sua vez, têm que fazer escolhas complexas diante de gráficos, tabelas e estagiários maravilhados. Se sobem os juros, a atividade econômica se retrai, mas a inflação cede, isso gera desemprego, desgasta o presidente e cai todo mundo do cargo, entrando outros economistas nos seus lugares. Estes abaixam os juros, animam a economia, mas a inflação sobe, o preço do xis-tudo dispara e os estagiários passam a criticá-los.

2. Não haveria jornalismo econômico sem os verbos "disparar" e "despencar". Dólar, Dow Jones, C-bond, juros e petróleo traçam gráficos vertiginosos a cada manchete. Porém, vistas em perspectiva, as oscilações são menores do que as do eletrocardiograma do Dalai Lama. Mas é que sem sustos não há economia que valha a pena acompanhar. As análises de conjuntura na Dinamarca, com seus boletins decenais e seus cenários para os próximos cem anos, talvez expliquem parte dos suicídios: qual o sentido da vida sem atas do Copom?

3. Houve um tempo em que latifundiários mandavam na economia e no governo. Daí a origem do termo Fazenda. Depois, com a ascensão dos industriais privados, os PhDs do *laissez-faire* assumiram e deram primazia ao planejamento estatal. Com o auge financeiro e da bossa-nova, os bancos é que passaram ao centro do poder, daí o Banco Central e sua dedicação aos banquinhos, aos barquinhos e às tardinhas no Jóquei. Um humorista que pede esmolas em frente a um banco – ele desistiu de receber dinheiro e agora clama: "um trocadilho, pelo amor de Deus!" – sonha com o dia em que os marqueteiros assumirão o comando econômico e acabarão com todo esse charlatanismo.

4. Cabeça vazia é a morada dos pastores. E dos mestres da gestão empresarial. Não é por acaso que cada vez mais igrejas e empresas se assemelham. As igrejas modernas têm organograma, clientes, produtos, marketing profissional, finanças sofisticadas e conselhos de gestão. Não se estranhará se vierem a fazer IPO em breve.

Já as empresas adotam a fé e a disciplina. Definem sua missão, sua visão, suas fraquezas e forças, suas ameaças e oportunidades – como um texto sagrado. Escolhem seus líderes carismáticos com metas e séquitos – cordeiros a dar seu dízimo sob a forma de remuneração baixa e variável. Não se estranhará se vierem a fazer canonizações em breve.

Nos dois casos a primazia é do administrador, MBA em gestão, pregoeiro da consultoria estratégica, do desempenho por metas, das crenças solenes, das diretrizes em tarjetas coloridas, dos gurus do *PowerPoint*, das sessões de relaxamento e meditação, do psicologismo da *supply chain*, do zen budismo do almoxarifado, do tao da (pessoa) jurídica.

Nas empresas, como nas igrejas, às vezes todos cantam juntos nas reuniões de avaliação, correm descalços para abraçar uns pufes coloridos. Não é raro o gerente de marketing entoar mantras de olhos fechados. Ou o supervisor de qualidade de vida ter um frenesi.

5. A Selic tem deixado muita gente atormentada. Os financistas, por exemplo, há noites seguidas não dormem bem. Só conseguem pegar no sono ao longo do dia, quando sabem que o movimento financeiro nacional está transcorrendo normalmente, com seus juros reais elevados. À noite, com os mercados fechados, têm que ficar acompanhando o fuso horário em todo o mundo e os minguados rendimentos dos juros internacionais. Alguns membros do Banco Central têm se esforçado para preservar o seu sono. Às vezes, de tão preocupados, pensam em elevar os juros a ponto de todos os recursos financeiros do mundo migrarem para o Brasil, deixando os outros mercados à míngua, e então seria possível aos financistas dormir também à noite. Não podendo fazê-lo, dedicam-se a escrever para eles cantigas de ninar, reunidas no CD *Atas do Copom – Lullaby* (pronuncia-se "adeus, presidente").

6. E foram felizes para sempre. O enlace culminara a convivência afetiva, depois de um longo período de cumplicidade estreita, que sucedera à amizade, à aproximação desconfiada, à empatia, à desconfiança e aos atritos e brigas dos anos anteriores. Mercado e política enfim superaram as resistências de suas respectivas famílias. Sob rouxinóis, cotovias e trombetas, seguiam, em derivadas crescentes, para a lua-de-mel no primeiro mundo. Eram agora quase um único ser – votos assumindo as formas de ações ou de títulos públicos; debêntures se confundindo com fichas de filiação partidária; economistas decidindo a pauta do debate público; políticos trocando discursos por pregões em bolsas; empresários, investidores e consultores carregando o véu da noiva; e deputados, senadores e majoritários vendendo a gravata picotada do noivo.

O noivado eliminara desconfianças mútuas, decrescentes desde o início do namoro. Cupidos internacionais levaram cartas de compromisso, juras e juros recíprocos para abrir corações, bolsos e urnas dos dois lados. A distância também fora um problema: ela morando no Centro-Oeste, ele vivendo entre o Sudeste, os Estados Unidos e a Europa. Mas a tecnologia e os escritórios de lobistas uniram o que o povo não poderá mais separar.

Pensar que não se suportavam. Viviam se difamando, tramando contra a outra parte. Querendo submeter a vontade do outro lado. Mas deu-se como nas espécies em geral. Ela viu sua sobrevivência ameaçada por falta de recursos. E ele, carente, temeu não preservar e reproduzir seus genes, patrimônio e dividendos.

Ninguém nem se lembra mais; porém, antes de a globalização fazer a luz, nem conseguiam se enxergar. Mas isso foi lá no início, quando tudo eram trevas. Quando era uma vez.

Sobre o autor

Luiz Guilherme Piva nasceu em Ubá (MG) em 1962. Graduou-se em Economia na Universidade Federal de Juiz de Fora em 1984 e obteve os títulos de mestre em Ciência Política na Universidade Federal de Minas Gerais em 1990 (com a dissertação *Romantismo, positivismo e peronismo: rupturas e continuidades no pensamento político argentino*) e de doutor em Ciência Política na Universidade de São Paulo em 1998.

A tese de doutorado, premiada como a melhor do ano pelo Departamento de Ciência Política da USP, foi publicada: *Ladrilhadores e semeadores: a modernização brasileira no pensamento político de Oliveira Vianna, Sergio Buarque de Holanda, Azevedo Amaral e Nestor Duarte (1920-1940)* (São Paulo: Editora 34, 2000).

Em 1996, foi aprovado em concurso nacional para seleção de Especialista em Políticas Públicas e Gestão Governamental, tendo feito curso de especialização na Escola Nacional de Administração Pública, em Brasília, de abril a novembro de 1996.

Foi técnico e coordenador geral do Desep – Departamento de Estudos Socioeconômicos e Políticos da CUT de 1989 a 1996. Foi técnico e subsecretário de Planejamento e Orçamento, de 1996 a 1999, do Ministério do Planejamento e Orçamento. Foi assessor econômico da Liderança do PT na Câmara dos Deputados de 1999 a 2003. Foi Consultor Especial da Presidência da Funcef (Fundação dos Economiários Federais) de 2003 a 2004. Foi assessor econômico da equipe de transição governamental e do Ministério da Fazenda entre 2002 e 2003. Foi Diretor de Consultoria, Economista-chefe e Diretor de Finanças da Trevisan de 2004 a 2007. Foi Diretor de Economia da Stratus Investimentos em 2007.

Atualmente, é Diretor Técnico da LCA Consultores.